Ephraim Kraus

Leben ohne Medien?!

Wie man in einer digitalisierten Welt einfach abschalten kann

DONATUS

Bibliografische Information der Deutschen Nationalbibliothek:
Die Deutsche Nationalbibliothek verzeichnet diese Publikation in der Deutschen Nationalbibliografie; detaillierte bibliografische Daten sind im Internet über www.dnb.de abrufbar.

Impressum

Gestaltung: Spitzenton.Design
Titelbild: Fotolia (weerapat1003)
Verlag: DONATUS VERLAG, Niederjahna
Herstellung: Books on demand, BOD Norderstedt
ISBN: 978-3-946710-14-1
www.donatus-verlag.de

Inhalt

Unter **digitalen Medien** (seltener auch Computermedien) versteht man elektronische Medien, die mit digitalen Codes arbeiten. Den Gegensatz dazu bilden analoge Medien. Der Begriff „digitale Medien“ wird auch als Synonym für die „Neuen Medien“ verwendet. Digitale Medien sind Kommunikationsmedien, die auf der Grundlage digitaler Informations- und Kommunikationstechnologie funktionieren (z.B. Internet). Als digitale Medien werden zum anderen technische Geräte zur Digitalisierung, Berechnung, Aufzeichnung, Speicherung, Verarbeitung, Distribution und Darstellung von digitalen Inhalten (Content) bezeichnet. Die Digitalisierung der Medien setzte in der zweiten Hälfte des 20. Jahrhunderts ein. Digitale Medien stellen sowohl von der Produktion als auch von der Nutzung her eine tiefgreifende Veränderung gegenüber früheren, analogen Medien dar. Die Computertechnik stellt die Basis für digitale Medien dar. Computersysteme basieren in erster Linie auf der Grundlage des binären Zahlensystems. In diesem Fall bezieht sich „digital“ auf die diskreten Zustände von „0“ und „1“ für die Darstellung beliebiger Daten. Computer sind Maschinen, die binäre Daten als digitale Information interpretieren.

Die Aufzeichnung und Speicherung von medialen Inhalten als digitale Daten, etwa eines Musikstücks oder einer Videosequenz, ist in der Regel ein technisch hochkomplexer Vorgang und gehört zum Gebiet der digitalen Signalverarbeitung. Dabei spielen bei modernen, datenkomprimierenden Verfahren zur digitalen Verarbeitung von Bildern, Video- oder Audiosignalen wie JPEG, MPEG-4 oder MP3 Methoden der höheren Mathematik wie die Schnelle Fourier-Transformation eine zentrale Rolle. Werden digitale Medien im Internet publiziert, also online verfügbar gemacht, so spricht man auch von Onlinemedien.[1]

Vorwort

Um es gleich vorweg zu nehmen: Ein Leben ganz ohne Medien ist heutzutage (fast) nicht mehr möglich. Die digitale Welt und die Möglichkeiten, die sich dadurch bieten, haben faktisch in all unsere Lebensbereiche eingegriffen. Erst 2007 sind die ersten Smartphones auf den Markt gekommen, und inzwischen beherrschen diese Alleskönner faktisch den Alltag. Unser gesamtes Leben wurde innerhalb kurzer Zeit durch das Internet und die Digitalisierung revolutioniert, und die Folgen für das Arbeitsleben und das soziale Gefüge sind immer noch nicht absehbar.

Wir können und müssen jetzt nahezu alles im Internet machen: einkaufen, unsere Bankgeschäfte tätigen, die Steuerklärung abgeben, Arzttermine vereinbaren, uns unterhalten, verabreden, lesen, Nachrichten verfolgen, telefonieren, spielen, chaten, Hörspiele hören, recherchieren, den Partner fürs Leben finden, arbeiten, uns sexuelle Stimulation verschaffen usw. Wir können online ebenfalls alles finden und bestellen, was wir zur Befriedigung unserer Bedürfnisse brauchen. Außerdem wird es höchstwahrscheinlich in wenigen Jahren möglich sein, dass wir komplett durch virtuelle Brillen und Ganzkörperanzüge (oder Ähnliches) in virtuelle Netzwerke eintauchen (man denke nur an den Roman „Ready for Player one“). Das Darknet bietet außerdem jetzt schon Möglichkeiten, die hier nicht angesprochen werden sollen und jenseits der Legalität liegen.

Vor allem die Konsumwelt verlagert sich zunehmend ins Internet – man lässt sich nicht mehr im Geschäft beraten, sondern schaut sich Bewertungen und Testvergleiche an, entscheidet danach und kauft vielleicht beim preiswertesten Anbieter oder beim Marktriesen Amazon. Die Ware wird bequem nach Hause geliefert und man kann zu jeder Tages- und Nachtzeit einkaufen. Damit wird das ohnehin von der Wirtschaft gewünschte Konsumverhalten noch stärker angeregt und unterstützt: Wir sollen kaufen, wir sollen viel kaufen – wir sollen immer mehr kaufen!

Dabei hat sich eine Entwicklung vollzogen, die wir kaum aufhalten können: Wir sind zu reinen Konsumenten verkommen und werden permanent zu noch besseren Käufern optimiert. Unsere Daten sind das Gold des 21. Jahrhunderts und werden zwischen den Konzernen hin und her gehandelt, damit man mit gezielter Werbung, Lockangeboten und Sonderaktionen schnell eine Millionenschaft an Kunden erreichen kann und den Profit steigert (man denke nur an den „Amazon Prime Day" oder den „Singles Day" bei Alibaba in China). Durch derartig gezielte Aktionen kann man regelrechte Massenhysterien auslösen und das Kaufverhalten manipulieren. Fazit: Wir werden durch die digitalen Märkte noch stärker zum Konsum von Dingen überredet, die wir nicht brauchen!

Außerdem spielt sich das Leben zunehmend in einer Parallelwelt ab, die mit der Realität wenig zu tun hat. Ist die Realität ohnehin schon jeweils durch die subjektive Wahrnehmung des Individuums gekennzeichnet, so verliert die Wirklichkeit durch den zunehmend längeren Aufenthalt im virtuellen Raum völlig an Bedeutung. Dies birgt natürlich ein enormes wirtschaftliches Potenzial für die Onlinehändler und Konzerne, aber auch mehrere Gefahren für den Internetanwender und für unser soziales Gefüge.

Neben dem vordergründigen Problem der Abhängigkeit können vor allem bei Kindern und Jugendlichen, die exzessiv täglich mehrere Stunden im Internet spielen und kommunizieren, bestimmte Probleme auftauchen, die in einigen Fällen drastische Auswirkungen haben – dazu gehören Verhaltensstörungen, Realitätsverlust, Fettleibigkeit, verminderte Kommunikationsfähigkeit, Empathielosigkeit und Lernschwächen. In extremen Fällen kann exzessives Spielen durch Vernachlässigung der Grundbedürfnisse (z. B. Nahrungsaufnahme und Schlaf) sogar zum Tod führen.[1] Die Weltgesundheitsorganisation hat die Online-Spielsucht 2018 deshalb offiziell als Krankheit in die „Internationale Klassifizierung der Krankheiten" aufgenommen.[2] Zu den Problemen der Internetabhängigkeit gibt es zahlreiche Studien und Aufsätze von Experten.[3] Auch bei Erwachsenen stellten sich bei Experimenten regelrechte Entzugserscheinungen ein, wenn sie auf digitale Medien und Fernsehen verzichten sollten.[4] Allerdings wurde beim Verzicht auf diese Medien auch ein verändertes Verhalten festgestellt, dass auf einer intensiveren Wahrnehmung der Umwelt beruhte (bewusstes Hören von Vogelgesang, intensivere Gespräche mit dem Nachbarn, bessere Wahrnehmung der Umwelt an sich). Die digitalen Medien entführen uns somit in eine Scheinwelt, die uns schnelle Ablenkung schenkt, von der wir uns nur schwer lösen können und die uns offensichtlich vom wahren Leben fernhält.

Dabei entsteht natürlich ein großes Manipulationsrisiko: Was passiert emotional, physisch und psychisch mit uns, wenn wir hauptsächlich Online-Unterhaltung konsumieren oder unsere Zeit Onlinespielen widmen? Was passiert, wenn nur bestimmte Artikel, Bücher und Fachpublikationen oder Filme bei Google oder Amazon gezeigt werden? Oder was geschieht, wenn Bewertungen von Produkten gefälscht oder manipuliert werden und wir nicht die beste Waschmaschine, sondern eine angepriesene Billigversion aus China kaufen? Was passiert, wenn Amazon entscheidet, welches Produkt an erster Stelle erscheint und welche Produkte überhaupt für mich als Konsumenten am besten geeignet sind? Wenn Amazon schon weiß, wieviel ich im Durchschnitt für Kleidung oder Lebensmittel ausgebe und gezielt in dieser Preisklasse für mich wirbt bzw. meine Kaufkraft in eine Kategorie einteilt und mir bestimmte Produkte nicht mehr anzeigt? Wenn aus meinem Kaufverhalten auf meine persönliche Situation geschlossen wird und beispielsweise Schwangerschaften oder Krankheiten zu gezielter Werbung genutzt werden?

Dieses Szenario ist jetzt schon Wirklichkeit: Amazon weiß alles über seine Kunden – jeder Klick und jede Suche auf der Website wird gespeichert und für interne Zwecke ausgewertet.[5] Deshalb werden beispielsweise auch Amazon-Serien für Amazon-Prime-Kunden bereits heute nur weiterproduziert, wenn die Streamingdaten auch stimmen und Amazon den größtmöglichen Gewinn erwirtschaften kann. Die Masse der Konsumenten entscheidet also über das, was produziert und gesendet wird. Bestimmte Produkte kann man außerdem nur noch bei einer Prime-Mitgliedschaft erwerben. Der Internet-Riese bindet so mit seiner Prime-Mitgliedschaft die Kunden eng an sich, damit er wiederum in fast jeden Bereich ihres Le-

bens hineinreichen kann – freier und fairer Handel sieht völlig anders aus. Die Einführung der hörenden und sprechenden „Alexa“ bei Amazon verstärkt diesen Effekt noch.
Zur Online-Unterhaltung dienen neben Amazon-Prime natürlich auch Netflix und die vielen Mediatheken, in denen man sich die gewünschten Sendungen und Filme jederzeit anschauen kann. Diese Formate werden sicher in Zukunft noch weiter ausgebaut werden, und das Fernsehen wird vermutlich an Bedeutung verlieren.
Weitere Unterhaltungs-Apps, Spiele und Social Media fordern von uns permanente Aufmerksamkeit und statt unbeschwerter Unterhaltung begeben wir uns in ein Netz von Abhängigkeiten, die uns der realen Welt entziehen und den Blick für das Wesentliche vernebeln. Durch die ständige Präsens der digitalen Welt in unserm Alltag bauen wir uns ein eigenes Gefängnis und geben Algorithmen die Möglichkeit, unser (Kauf-, Unterhaltungs- und soziales) Verhalten zu analysieren. Durch GPS und IP-Adressen ist es außerdem jederzeit möglich, den Aufenthaltsort des Nutzers zu bestimmen, sodass wir beispielsweise mit Hilfe von Tracking und Beacons gezielt auf dem Smartphone mit Werbung und Informationen versorgt werden können, wenn wir uns an einem bestimmten Ort befinden.[6]
Das ist alles nicht schlimm für Sie und Sie meinen, es betrifft ja eh alle? – Da muss ich leider deutlich widersprechen.
Die Veränderungen der Digitalisierung betreffen nicht nur unser Konsumverhalten, sondern vor allem auch soziale Aspekte. Wer einmal Jugendliche in Therapie erlebt hat, die bei Facebook oder Twitter gemobbt wurden, deren Nacktvideos online gestellt worden sind oder die an Spielsucht leiden usw., der wird mit der Zeit kritisch und sieht die eigentlich grenzenlose, digitale Freiheit als ein Spinnennetz, das uns gefangen nimmt und nicht mehr loslässt. Die Unterscheidung zwischen Wirklichkeit und digitaler Welt verschwimmt, und vor allem Jugendliche nehmen die Onlinewelt als eigentliche Realität wahr.
Auch unser Kommunikationsverhalten hat sich durch die Schnelligkeit der Interaktion verändert – Formulierungen werden abgekürzt, Informationen auf ein Minimum reduziert und die Höflichkeit

hat enorm abgenommen. Die Unmittelbarkeit und Schnelle der Nachrichtenversendung begünstigt eine Verrohung der Sprache und verleitet schnell zu einem verletzenden bzw. beleidigendem Unterton oder Kommentar. Vor allem die Kommunikation in den sozialen Netzwerken hat dabei teilweise problematische Züge angenommen (Hasskommentare, Mobbing etc.).[7] Einmal online eingestellte Daten jeder Art sind praktisch nicht mehr löschbar, sondern schwirren durch die Welten des World Wide Web. Somit sind alle Daten, die Sie online stellen, irgendwo vorhanden, werden auf Großcomputern abgespeichert und könnten im Bedarfsfall auch nach Jahren noch abgerufen und analysiert werden.[8] Jedes Foto kann dank Gesichtserkennung zugeordnet werden und jede (politische) Äußerung bei Facebook (oder sonst wo) kann Ihren Beruf gefährden oder dazu führen, dass sich womöglich ein neuer Chef gegen eine Einstellung entscheidet. Deshalb sollte man sich sehr wohl überlegen, inwieweit man die digitalen Medien nutzt, was man dort von sich preisgibt und wo man es vor allem vermeidet, online zu sein und zu agieren.

Vieles spielt sich heute schon völlig losgekoppelt nur in der Online-Welt ab. Und während die Jugend sich schon nicht mehr mit Facebook beschäftigt, so harrt doch die Generation zwischen 30 und 50 Jahren in den Fängen von Facebook aus und gibt eine Unmenge an Daten und Informationen aus Privatleben und Beruf von sich preis, die durch den Konzern gespeichert, extern ausgewertet werden und uns zu gläsernen Menschen machen. Nicht auszudenken, was passieren könnte, wenn diese Daten an einen Psychopaten gelangen würden, der gezielt ins reale Leben der betreffende Person eingreifen würde. Derartige Fälle gab es bereits, wo beispielsweise Pädophile gezielt die Profile von Kindern und Jugendlichen ausspähten, sich unter falschen Profilen Zugang verschafften und das Vertrauen der Ahnungslosen für ihre Zwecke missbrauchten.[9] Solche Extremfälle sind natürlich Ausnahmen, doch besteht immer die Gefahr des Datenmissbrauchs und der Totalüberwachung – schon allein was Facebook mit unseren Daten machen könnte, sollte ausreichen, um sich sofort dort abzumelden.

Ein Großteil der Bevölkerung genießt allerdings nach wie vor das Komplettpaket aus Berieselung, Unterhaltung und Manipulation durch die Medien – denn es strengt an, sich ernsthaft mit Geschichte, Politik, Religion, Philosophie oder auch nur mit dem Nachbarn auseinanderzusetzen, einen echten Brief zu schreiben oder mal ein Fachbuch zu lesen. Die schnell verfügbaren Informationen, das überall nutzbare Wissen beraubt uns unseren Möglichkeiten, selbst zu denken, aktiv zu werden und ein bewusstes Leben in der Realität zu führen.

Und auch die Kommunikation mit der Familie und mit Freunden ist einfach: Man tritt einer Gruppe bei WhatsApp, Snapchat, Instagram oder Twitter bei und ist immer bestens über das Treiben der Lieben informiert. Denn Zeit, um sie zu besuchen und direkt miteinander zu kommunizieren, müsste man sich ja nehmen. Natürlich erleichtert das Internet mit der globalen Kommunikation auch vieles. Man kann beispielsweise immer in Echtzeit aus dem Urlaub berichten, ist immer erreichbar und kann mit Freunden auf der ganzen Welt einfach und unkompliziert in Kontakt bleiben. Doch da stellt sich grundsätzlich die Frage: Muss das Leben so global, schnelllebig und oberflächlich ausgerichtet sein? Müssen wir in London arbeiten, zur Ausstellungseröffnung mal schnell nach New York fliegen, zur Hochzeit der Schwester auf den Bahamas vorbeischauen und dann mal schnell eine WhatsApp an die in Hinterreutlingen verbliebenen Eltern schicken? Darauf muss sich jeder selbst eine Antwort geben.

Dieses Buch möchte Anstöße zum Selberdenken und zum bewussten Umgang mit digitalen Medien und der Schnelllebigkeit unserer Welt geben, damit wir unsere Daten, unser Leben und unsere Existenz an sich nicht dem BigData preisgeben, sondern so wenig wie möglich das Internet und die (digitalen) Medien benutzen. Das bewusste Wahrnehmen unserer Umwelt und der Natur soll uns ein Gefühl für die Wirklichkeit zurückbringen. Kehren wir zurück zu den Wurzeln des Menschseins – kommunizieren wir direkt, kaufen Brot beim Bäcker in der Nachbarschaft und lesen wir wieder mal ein Buch. Denn nichts kann sich besser anfühlen, als das reale Leben mit all seinen Höhen und Tiefen!

1.

Fernsehen ade, scheiden tut nicht weh – Wie wir ohne Fernseher mehr erleben und weniger abschalten

Um es gleich vorweg zu sagen: Ich lebe bereits seit zehn Jahren ohne Fernseher und vermisse überhaupt nichts. Wenn ich mal im Hotel schlafe und zur Ablenkung den Fernseher anschalte, bin ich regelrecht entsetzt, was dem Otto Normalverbraucher tagtäglich zugemutet wird. Von schlechten Gerichtssendungen, über „Holt mich hier raus!“, „Deutschland sucht irgendwas...“ oder „Top Model“ wird dem Zuschauer eine Scheinwelt mit Scheinidentitäten vorgegaukelt. Die Menschen, die tagtäglich in Reality-Shows über den Bildschirm flimmern, wirken regelrecht wie dressierte Zombies und haben jegliches selbstbestimmtes Handeln und Denken verloren.[10] Vor allem junge Menschen lassen sich von dieser Welt begeistern, selbst in diese Medienhölle einspannen und verschenken eine gesunde Persönlichkeitsentwicklung zugunsten eines kurzzeitigen, schnell verlöschenden Ruhmes, um einmal für zehn Minuten in die Kamera geschaut zu haben.

Dabei ist es heute nichts Besonderes mehr, ins Fernsehen zu kommen und sich dort zu präsentieren – dafür muss man kein Schauspiel mehr studieren, besonders gut aussehen oder klug sein – es reicht, wenn man etwas extrovertiert ist und es toll findet, vor der Kamera zu stehen. Dabei werden diese Menschen, die beispielsweise an Reality-Shows teilnehmen, regelrecht durch die Sender und deren Dramaturgen instrumentalisiert und in bestimmte Klischees hineingepresst. Was das mit den Darstellern als Privatperson macht, wenn sie in ihr normales Leben zurückkehren, ist kaum zu erahnen – man denke nur an „Bauer sucht Frau“ oder ähnliche Formate.[11]

Die Filme, die man im öffentlich-rechtlichen Fernsehen sehen kann (z.B. tausende Sokos und den allgeliebten „Tatort“), reichen leider weder vom Inhalt, Anspruch noch von der künstlerischen und schau-

spielerischen Umsetzung an Serienformate von Amazon Prime, Netflix oder BBC heran. Vor allem die oftmals versteckten politischen und gesellschaftlichen Erziehungsbotschaften können einen intellektuell geschulten und reflektierten Menschen schon deutlich verschrecken. Das deutsche Fernsehen hinkt einfach Äonen hinter dem Weltmarkt der Fernsehunterhaltung hinterher und richtet sich, überspitzt, an ein Publikum, das im Rentenalter ist oder bildungsfernen Schichten angehört.[12] Zudem wird bei den privaten Sendern jede Sendung durch stundenlange Werbung unterbrochen.
Da ist es doch bequemer, sich direkt eine DVD oder ein Video in Mediatheken auszusuchen und werbefrei zur gewünschten Zeit die gewünschte Sendung anzuschauen oder ganz auf die Berieselung durch dieses Unterhaltungsmedium zu verzichten.
Warum also nicht einfach den Fernseher abschalten und aus dem Wohnraum verbannen? Dafür sprechen mehrere Argumente:

1. Dieses große schwarze Gebilde, das inzwischen an den Wänden hängt oder auf Sideboards steht, nimmt extrem viel Platz weg und zieht optisch jegliche positive Energie aus dem Raum. Ihre Inneneinrichtung und das **Raumklima** werden enorm durch die Entsorgung des Fernsehers verbessert. Stellen Sie lieber eine Grünpflanze an den freiwerdenden Platz oder hängen Sie ein ansprechendes Gemälde auf.
2. Sie verlieren enorm viel **Zeit** durch den Fernsehkonsum. Der Durchschnittsdeutsche sitzt täglich 197 Minuten vor dem Fernseher (3,29 Stunden) oder lässt ihn gar ganztägig zur Unterhaltung nebenbei laufen.[13] Auch wenn Sie nur eine Stunde täglich vor dem Fernseher sitzen, so könnten Sie diese Zeit sinnvoller nutzen, kreativ sein, sich mit Freunden treffen, ein Buch lesen usw. – Entsorgen Sie den Fernseher und haben Sie endlich wieder Zeit!
3. **Befreien Sie Ihren Geist** von sinnlosen Debatten und Problemen, die im Fernsehen Priorität besitzen. Überlegen Sie: Was ist denn für Sie persönlich wichtig? Interessiert Sie die Mückenplage in Ostmexiko? Oder das stumpfsinnige Verhalten eines amerikanischen Präsidenten? Oder die Kleidung der Queen? Beschäftigen

Sie sich stattdessen mit wirklich relevanten Fragen: Geschichte, Umwelt, Natur, Philosophie, Kunst, Musik etc. Engagieren Sie sich in Ihrem Wohnort oder Ihrer Umgebung für Vereine oder ehrenamtliche Projekte (Sport, Umwelt, Denkmäler, Kunst, Kultur etc.). Und wenn Sie tatsächlich etwas Sinnvolles schauen wollen, dann suchen Sie sich gezielt einen Film heraus, der sie bewegt, gehen Sie ins Kino und genießen Sie Unterhaltung der Spitzenklasse – bewusst und absolut exklusiv.

4. **Begeben Sie sich nicht in die Abhängigkeit** von Serien! Gerade heutzutage produzieren Privatsender oder Onlineanbieter eigene Serien, die inhaltlich fesselnd und anspruchsvoll sind und sogar zu einem Massenphänomen werden können („Games of Thrones“, „Sex and the City“, „CSI“ etc.). Vermeiden Sie diese Abhängigkeit bzw. überlegen Sie gut, welcher Serie Sie Ihre geistigen Kapazitäten anvertrauen, denn Serien machen süchtig, und aus einer Folge werden schnell zehn – dann ist das Wochenende mit Serienschauen wie im Flug vergangen, ohne dass Sie einmal die echte Sonne gesehen haben.
5. **Vermeiden Sie den gleichbleibenden Hintergrundlärm**, der beim Fernsehen permanent erzeugt wird. Klänge haben eine außerordentliche Wirkung auf unser Wohlbefinden und beeinflussen unsere Stimmung. Sie sollten einfach mal das Bild abstellen oder den Bildschirm verdecken, um sich nur der Geräuschkulisse des Fernsehers auszusetzen – sie werden entdecken, dass 80 Prozent der Geräusche ohne Bild wie chaotischer Lärm wirken. Hören Sie lieber ein Hörspiel – das regt die eigene Fantasie an und geht bewusster und sensibler mit Klangkulissen um.
6. Handeln Sie zum **Schutz ihrer Kinder**. Schon jetzt schauen 20 Prozent aller Einjährigen regelmäßig fern. Die Folgen sind in den Kindergärten schon deutlich zu spüren: Kinder, die davor sitzen, verfallen in eine Art Schockstarre und können nach dem Ausschalten äußerst aggressiv reagieren, da sie das Gesehene nur passiv konsumieren und schlecht verarbeiten können. Die Entwicklung bestimmter Fähigkeiten wird dadurch gehemmt. Beispielsweise kann sich ihre Sprachfähigkeit schlechter entwickeln, und sie kön-

nen unter Aufmerksamkeitsstörungen leiden, da sie an eine zweidimensionale Welt gewöhnt sind und mit den Anforderungen der realen Welt überfordert sind.[14] Lassen Sie den Kindern das Leben in der Realität selbst mit allen Sinnen erfahren und begrenzen Sie den Fernsehkonsum auf ein absolutes Minimum – besser, Sie schalten im Interesse Ihrer Kinder ganz ab und verbannen den Fernseher komplett. Kinder sollen wieder selbst entdecken, denken, spielen und kreativ sein. Ausgewählte Sendungen können Sie gegebenenfalls altersgerecht auf Youtube sehen und wöchentlich auf minimale Zeiten beschränken (z.B. max. 20 Minuten pro Woche für Vierjährige – dazu gibt es unterschiedliche Empfehlungen, z.B. die 3-6-9-12-Regel).

7. **Senken Sie ihren Stromverbrauch** und schonen Sie die Umwelt. Ein Fernsehgerät verbraucht trotz aller Energiespartechnik enorme Mengen an Strom. Durch das Abschalten und Entsorgen des Gerätes sparen Sie also hohe Kosten. Außerdem **verhindern Sie das ständige, neue Produzieren von Elektroschrott,** der die Umwelt belastet und oft in ärmeren Ländern Afrikas oder Asiens abgeladen wird.
8. Leben Sie sich schlank! Beim Fernsehen werden im Schnitt 180 **Kalorien** täglich mehr verzehrt als ohne Fernsehen. Das passive Sitzen und die Werbung regen den Appetit an und verführen zur Völlerei. Dadurch steigen Übergewicht und Diabetesgefahr. Bewegen Sie sich stattdessen und gehen Sie an die frische Luft – machen Sie beispielsweise jeden Abend einen Spaziergang durch Ihren Ort, und Ihr Leben wird sich ändern!
9. Atmen Sie wieder richtig! Vor dem Fernsehen vergisst man bei hoher Konzentration das tiefe Luftholen. Vor allem bei Kindern hat dies fatale Auswirkungen: Eine Studie bei Schulanfängern hat gezeigt, dass Kinder, die pro Tag mehr als fünf Stunden fernsehen, ein um 50 Prozent höheres Risiko haben, an Asthma zu erkranken, da die Lunge nicht voll ausgebildet und genutzt wird.[15]
10. **Entspannen Sie wieder mal richtig!** Vor dem Fernseher schaltet man keinesfalls ab und entspannt, sondern stimuliert das Gehirn durch emotional aufwühlende Sendungen, die den Blutdruck

meist hochgehen lassen und jede Entspannung verhindern. Auch durch den hohen Blaulichtanteil (LED) werden die Nerven angeregt, und man kann ebenfalls kaum entspannen. Teilweise schläft man deshalb nach einem Fernsehabend schlecht ein.

Fazit: Schalten sie den Fernseher ab,
damit Sie mal richtig abschalten können!

Sie werden bereits nach wenigen Wochen ohne Fernseher, wenn die Entzugserscheinungen abgeklungen sind, eine regelrechte Erleichterung spüren. Natürlich können Sie trotzdem ausgewählte Sendungen und Filme nach wie vor in Mediatheken sehen, doch sinnlose Reality-Shows, schlechte Fernsehfilme und Hintergrundgedudel sollten ab jetzt Vergangenheit sein.
Mit einer solchen Entscheidung stellen Sie sich gegen eine Konsum- und Spaßgesellschaft, die uns ständig ablenken und mit Werbung instrumentalisieren will. Plötzlich werden Sie Zeit für andere Dinge haben und in Ihrem Leben mehr erreichen: Da man nicht mehr nach Hause kommt und sich einfach vor die Glotze haut, kann man mal wieder lange telefonieren, spazieren gehen, ein Buch lesen oder Briefe schreiben, einen Plausch mit dem Nachbarn führen, ein leckeres Essen kochen und vieles mehr. Sie sind noch nicht überzeugt? Probieren Sie es aus!

Das erste Medium ist also Teil Ihrer Vergangenheit:
der Fernseher!

2.

Ich bin dann mal offline – Wie wir uns der permanenten Verfügbarkeit entziehen

Vor allem im Beruf ist es heute unablässig, ständig verfügbar und erreichbar zu sein. Die Erfindung des Smartphones hat diese Entwicklung noch verschärft, da man praktisch an jedem Ort der Welt erreichbar ist, in Echtzeit telefonieren und skypen, E-Mails lesen und senden und an Telefonkonferenzen teilnehmen kann. Überall und ständig sind wir damit quasi online: egal, ob nachts im Schlafzimmer, im Urlaub am Strand oder während einer Opernvorstellung – das Handy steht vielleicht auf lautlos, doch wir sehen jede eingehende Nachricht und sind immer auf Abruf. Was macht dies mit uns? – Es bedeutet für unsere Nerven permanenten Stress, ständiges Gehetztsein und innere Unruhe.

Niemand lebt dadurch mehr in der wirklichen Situation, in der in der er sich augenblicklich befindet, sondern man ist geistig bei anderen Aufgaben und Situationen: Man schickt sich Nachrichten, während die Theatervorstellung läuft oder während des Sportturniers der Kinder oder telefoniert während eines Abendessens in Familie mit dem Chef. Sehr gefährlich ist es natürlich im Straßenverkehr.

In Südkorea lässt sich dieses Phänomen besonders gut beobachten: In einer U-Bahn in Seoul sind 100 Prozent der Passagiere in irgendeiner Form online und schauen die Menschen, die neben ihnen sitzen, nicht einmal mehr an – fast wirken die Mitfahrer wie fremdgesteuerte Zombies. Es wird kaum gesprochen und alle wirken merkwürdig abwesend. In der Millionenstadt findet keine spontane Begegnung mehr statt. Diese Entwicklung schwappt auch in unseren Alltag, obwohl man hier in der Bahn noch Menschen mit einem Buch in der Hand erleben kann.

Doch wer will uns eigentlich ständig erreichen? Der Chef, der irgendwelche Dokumente sucht oder schnell noch was erledigt haben will? Die Ehefrau, die möchte, dass man noch Milch aus dem

Supermarkt mitbringt, oder die Mutter, die sich Sorgen macht? Muss der Onlineshop betreut werden oder eine Lieferung noch rausgehen? Müssen wir genau jetzt bei Amazon oder Ebay noch was bestellen? Die Liste ließe sich wieder unendlich fortsetzen, und natürlich ist alles wichtig, und die Welt ist schneller geworden, doch dadurch ist sie nicht unbedingt besser und gesünder.

Das Gegenteil ist der Fall: Noch nie haben so viele Menschen am Burnout-Syndrom gelitten, und noch nie sind so viele Menschen an der Work-and-Live-Balance gescheitert. Es gibt quasi keine Trennung zwischen Berufs- und Privatleben mehr, und darin liegt die Hauptursache vieler Probleme. Die Digitalisierung hat die Grenzen zwischen Arbeits- und Privatleben vollkommen verwischt und verlangt von den Arbeitnehmern eine ständige Erreichbarkeit und Einsatzfähigkeit. Hier müsste von der Politik z.B. durch eine Verschärfung des Arbeitsschutzgesetzes ein Riegel vorgeschoben werden, damit man es schafft, die Ketten der ständigen Erreichbarkeit zu durchtrennen. Es muss eine gesetzlich geschützte private Zone geben – eine Zeit, in der wir nicht mehr erreichbar sind, und eine Gesellschaft, die sich an diese Vorgaben auch hält.

Ich empfehle deshalb: Auf Arbeit oder im Beruf sollte man natürlich den gegebenen Anforderungen entsprechen und ständig online sein – dort kann man gleichzeitig E-Mails checken, telefonieren und Nachrichten beantworten. Doch im Privaten reicht es völlig aus, wenn Sie maximal einmal täglich E-Mails lesen und das Handy am besten komplett verbannen. Wer etwas will, kann auf dem Festnetz anrufen oder eine Nachricht hinterlassen. Kaum eine Meldung muss sofort beantwortet werden – alles hat Zeit, oder besser: Sie nehmen sich ab jetzt die Zeit!

Informieren Sie Ihre Umgebung über Ihren bewussten Schritt weg vom Smartphone und vereinbaren Sie für Notfälle (Anrufe Ihrer Kinder oder des Partners) ein gesondertes Klingelzeichen, sodass Sie sofort wissen, wer anruft, und dementsprechend reagieren können. Aber unwichtige Dinge sollte man tatsächlich auf die lange Bank schieben oder verdrängen, und dazu müssen Sie erstmal wieder lernen, was wichtig und was unwichtig ist. Brauchen Sie

überhaupt ein Smartphone? Reicht nicht ein normales Handy zum Telefonieren und zum Verschicken von SMS aus? Brauchen Sie WhatsApp, Twitter und Co.? Müssen Sie bei Facebook reinschauen? Das können Sie vollkommen selbst entscheiden, doch ich sage Ihnen: Sie brauchen nichts davon – kein Twitter, keinen Blog, kein Facebook und kein WhatsApp. Die Fotos des letzten Urlaubs kann Ihnen Ihre Freundin auch bei einem Treffen im Café zeigen, und mit dem Liebhaber sollten Sie sich echte Briefe schreiben – die hinterlassen keine Spuren im Netz. Leben Sie wieder direkter, fühlen Sie mehr, entdecken Sie intensiv mit allen Sinnen die Realität, und seien Sie nicht mehr immer erreichbar.
Also: **Sie sind nicht immer erreichbar, sondern nur dann, wenn Sie es wirklich wollen**. Wer das nicht akzeptiert, muss sich von Ihnen trennen, Ihren Freundeskreis verlassen oder schlichtweg den Kontakt abbrechen.
Sollten Sie trotzdem weiter ein Handy oder Smartphone benutzen, sind folgende Regeln und Hinweise beachtenswert: [16]

Handy-Etikette –

Sechs Regeln zur Nutzung des Smartphones & Handys:

1. Anwesende Personen haben immer Vorrang

Ihr direkt anwesender Gesprächspartner hat immer Vorrang. Das bedeutet, dass Sie Kindern, Kollegen und Freunden, die direkt mit Ihnen sprechen, immer die volle Aufmerksamkeit schenken sollten. WhatsApp-Nachrichten, SMS oder E-Mails dürfen nicht nebenbei gelesen werden, da man so dem direkten Gegenüber zu verstehen gibt, dass es anscheinend wichtiger Dinge als dieses Gespräch gibt. Vor allem beim Essen sollte das Smartphone weit weg gelegt werden und nicht präsent neben dem Teller liegen. Leben Sie bewusst im Hier und Jetzt und legen Sie das Handy dorthin, wo es hingehört: in die Tasche. Ebenso sollte bei Meetings und Geschäftsterminen ein hochkonzentriertes Arbeiten ohne ständiges Schauen auf das Smartphone, Tablett etc. möglich sein. Sobald man nur kurz auf ein derartiges Gerät schaut, wird der Gedankenfluss unterbrochen und das direkte Gegenüber wird verunsichert – an der Wichtigkeit des realen Gespräches oder Meetings dürfte gezweifelt werden.

2. Handy ausschalten oder auf lautlos stellen

Sie sollten das Handy so oft wie möglich auf lautlos stellen. Besonders wenn Sie mit jemandem sprechen, sich an einem öffentlichen Ort befinden (Straßenbahn, Bahnhof, Flughafen, Uni, Krankenhaus, Theater etc.) oder wenn Sie sich konzentrieren müssen und selbst Ruhe brauchen, stört ein hektischer Klingelton. Bedenken Sie, dass auch Vibrationsalarm überall zu hören ist und Unruhe in den Alltag bringt. Da viele Menschen die gleichen Signaltöne benutzen oder Vibrationsalarm einstellen, ist beispielsweise sofort die ganze Straßenbahn innerlich aufgeregt, wenn es zu summen oder piepsen anfängt. Stöcker schreibt sogar, dass das summende Geräusch evolutionsbiologisch gesehen wie eine Bedrohung wirken kann (Bienenschwarm etc.) – der Adrenalinspiegel steigt, und wir werden gestresst.[17] Deshalb sollten Sie das Telefon so oft wie möglich auf lautlos stellen und die Ruhe genießen. Bei Bedarf können Sie regelmäßig auf das Handy schauen und sehen, ob eine neue Nachricht eingegangen ist. Und sollten Sie auf einen wichtigen Anruf warten bzw. beruflich das Mobiltelefon benötigen, können Sie es natürlich anschalten. Suchen Sie sich allerdings einen Klingelton, der Ihren Bedürfnissen entspricht und Ihnen gefällt.

3. Im Schlafzimmer haben digitale Medien nichts zu suchen

In den meisten Schlafzimmern kann man einen Fernseher, Computer oder des nachts auch ein Smartphone finden, dass auf der Ablage neben dem Bett liegt und blinkt. Dabei ist inzwischen erwiesen, dass die Lichtfrequenzen von Bildschirmen schlafstörend wirken können, ganz zu schweigen von elektronischen Schwingungen. Obwohl für das Licht bereits spezielle Apps entwickelt wurden, ist es doch fraglich, ob dieses permanente Starren auf einen Bildschirm und die Unruhe, die vom Konsum sinnloser Informationen vor dem Schlafengehen ausgehen, wirklich zu innerlicher

Ruhe führen. Das Gegenteil wird eher der Fall sein. Vor allem bei Kindern, Jugendlichen und Studenten kann die Wirkung extrem sein, da man die Zeit vergisst und so nicht genügend Schlaf findet. Deshalb sollte das Schlafzimmer oder Bett wirklich ein Ort der Erholung sein, an dem digitale Medien nichts zu suchen haben.
Legen Sie das Smartphone einfach in der Küche oder Wohnstube ab und lesen Sie ein Buch vor dem Einschlafen – denn Papier zwischen ihren Händen knirscht, riecht lecker und ist ein abbaubarer Rohstoff. Eltern übernehmen hier Vorbildfunktion, und alle sollten gemeinsam am Abend abschalten, sich eine Geschichte vorlesen, nachdenken, beten oder singen. Und wenn dies alles nichts für Sie ist, dann schweigen Sie einfach mal und schlafen.

4. Fotografieren Sie nicht jeden Moment ihres Lebens

Natürlich verführt es, schnell hier und da mit dem Smartphone ein Foto zu machen oder einen Film zu drehen. Deshalb wird heute ständig und überall fotografiert und gefilmt. Sogar für Autos gibt es sognannte Dashcams (Kameras), die während der ganzen Fahrt in Endlosschleifen aufnehmen und für einen eventuellen Unfallhergang natürlich von enormer Wichtigkeit sein können. Aber nimmt uns dieses permanente Abbilden der Realität nicht den eigentlichen Bezug zur Wirklichkeit? Werden wir nicht so schon genaustens überwacht (an Tankstellen, in Kaufhäusern, auf Einkaufsstraßen, an belebten Plätzen, in der Straßenbahn etc.)? Können wir überhaupt einen Sonnenuntergang noch genießen, wenn wir ihn nicht auf dem Display festhalten oder einen glücklichen Moment mit Freunden ohne Schnappschuss für Facebook erleben? Ist es nicht sogar so, dass durch das ständige Laufen der Kamera ein wirklich magischer Moment zerstört werden kann? Muss man die Geburt eines Kindes filmen und auf Facebook stellen? Muss das Ja-Wort vor dem Altar einer breiten Öffentlichkeit als Filmchen unter die Nase gerieben werden? Müssen Bilder von aufgebarten Toten ins Netz gestellt werden? Durch die vielen Möglichkeiten, die uns die Digitalisierung bietet, werden wir dazu verführt, ständig alles digital festhalten zu wollen und zu teilen. Doch damit machen wir etwas kaputt. Wir zerstören den Zauber der Unwiederbringlichkeit. Das Leben ist nun mal vergänglich, und es ist nicht das Foto, die Inszenierung oder die Erinnerung an etwas, sondern das Leben ist nur der reale Moment, der im Hier und Jetzt passiert und zwar genau in dem Moment, in dem Sie dieses Buch lesen und meine Gedanken nachvollziehen. Wir brauchen die tausenden Fotos auf unseren Rechnern und Servern nicht, die zu einem digitalen Müllmonster heranwachsen. Reduzierung wäre hier die richtige Lösung und der Verzicht auf eine permanente Inszenierung und Archivierung der Wirklichkeit. Wir sollten uns deshalb genau überlegen, wann wir Fotos und Filme machen, und wenn wir fotografieren, dann bewußt und mit Ästhetik.

5. Nachrichten müssen nicht sofort beantwortet werden

Egal welchen Messenger-Dienst Sie nutzen: Sie sollten nicht erwarten, dass Ihnen Ihr Gegenüber auf Nachrichten sofort antwortet, und Sie müssen auch selbst nicht gleich antworten. Wir haben alle Zeit der Welt und leben in einem realen Leben, das uns fordert und Kraft kostet. Deshalb kann man nicht alle fünf Minuten auf das Display starren. Schenken Sie sich und dem Gegenüber einfach Zeit!

6. Vorbildfunktion übernehmen

Sie übernehmen in Ihrer Umgebung mit Ihrem Umgang mit digitalen Medien eine Vorbildfunktion – so wie Sie Ihr Leben gestalten, wird Ihre Umwelt es nachahmen. Deshalb haben Sie als Eltern, Chef, Lehrer oder Mitarbeiter eine wichtige Aufgabe: Zeigen Sie, was Ihnen wichtig ist, und halten Sie sich selbst an die hier beschriebenen Regeln. Sprechen Sie mit Ihren Kollegen, Freunden und der Familie über den Einfluss der digitalen Medien und Ihre Wirkung.
Sicher wird es kaum möglich sein, im beruflichen Umfeld auf digitale Medien zu verzichten, doch im privaten Umfeld können Sie die Mediennutzung deutlich einschränken – sie werden sehen, wie schnell sich Ihre Wahrnehmung verändert. Sie entschleunigen und begegnen Ihrer Umwelt mit mehr Aufmerksamkeit und Höflichkeit.

3.

Google, Amazon & Co. – wie wir wieder Hoheit über unsere Daten gewinnen

In Deutschland gilt seit Mai 2018 eine neue Datenschutzgrundverordnung. Das war dringend notwendig und absolut überfällig, da die alten Regelungen noch aus den 1990er Jahren stammten, in denen die Entwicklung des Internets in dieser Form noch nicht absehbar war. Was die neue Datenschutzgrundverordnung allerdings konkret ändern wird, bleibt abzuwarten – in den letzten Jahrzehnten wurden bereits so viele Daten erhoben, dass der einzelne Internetnutzer gegenüber den Internetgiganten Google und Amazon quasi nackt dasteht. Die neue Datenschutzverordnung ändert daran wenig: Der Internetnutzer hat lediglich ein Auskunfts- und Widerspruchsrecht und wird auf die Benutzung von Cookies etc. hingewiesen. Bei einem Widerspruch der Datennutzung gefährdet der Internetnutzer allerdings die Bedienbarkeit der einzelnen Dienste. So wird durch die neue Verordnung lediglich ein bisschen mehr Transparenz in die Vorgänge gebracht, aber an der Sache an sich ändert sich nichts.

Die Weitergabe von E-Mail-Adressen und Adressen zu Werbezwecken wurde allerdings verboten, und das ist gut so. Trotzdem türmen sich in meinem Postfach weiterhin Spamnachrichten und Newsletter ohne Ende, obwohl ich nie wissentlich mein Einverständnis dazu gegeben habe. Das Problem liegt darin, dass alles, was bisher mit unseren E-Mail-Adressen, Passwörtern, Adressen, Surfverhalten und sonstigem getan wurde, im Dunkeln bleiben wird. Amazon verweigert bis heute die Herausgabe der kompletten Daten, die über den einzelnen Kunden gespeichert werden. Auf Nachfrage erhält man lediglich eine Zusammenfassung der dort getätigten Käufe.[18] Auch Google benutzt unsere Daten und wertet sie für interne Zwecke aus. Beispielweise kann so gezielt Werbung für jeden einzelnen Internetnutzer eingeblendet werden, die dann auch auf anderen Webseiten erscheint. Dagegen kann man sich allerdings wehren. Google stellt selbst eine Seite zur Verfügung, auf der man mit ein paar Klicks personalisierte Werbung abstellen kann:

https://privacy.google.com/

Dort gibt es verschiedene Unterkategorien, in denen man festlegen kann, welche Informationen für Werbung genutzt werden kann und soll. Unter der folgenden Adresse erhält man ebenfalls Informationen und die Möglichkeit, die personenbezogene Werbung abzustellen:

www.youronlinechoices.com

Einer grundsätzlichen Speicherung des Suchverlaufs und der eigenen Daten kann man allerdings nicht widersprechen. Das heißt, dass Google nach wie vor eine Unmenge von Daten (u.a. IP-Adresse, Betriebssystem, Bildschirmgröße, Standort etc.) von uns sammelt, und jeden Suchbegriff, den wir eingeben, speichert. Dadurch kann man für jeden einzelnen Internetnutzer die persönlichen Vorlieben, Interessen, Kaufgewohnheiten, Urlaubziele, sexuelle Ausrichtung etc. herausfiltern und ein Persönlichkeitsprofil erstellen – das macht uns nach wie vor zu (fast) gläsernen Menschen und Konsumenten.[19]
Besonders kritisch wird diese Analyse in Verbindung mit der Feststellung unseres Standorts. WhatsApp, Facebook, Microsoft und Google greifen schon längst auf die Standortdaten ihrer Handynutzer zurück und können somit auch Bewegungsprofile und Rückschlüsse auf Wohngegend, Kaufkraft und Bildungsgrad erstellen, sodass beispielsweise eine Zuordnung in eine bestimmte Kundengruppe geschehen kann.
Auch Facebook sammelt eine Unmenge von Daten, und zwar nicht nur von seinen Mitgliedern: Es reicht bereits aus, die Website zu besuchen und einen Like-Button zu drücken – dann wird dem Browser automatisch ein Cookie überspielt, mit dem die IP-Adresse identifiziert wird. Dieses Cookie bleibt zwei Jahre im Browser des Nutzers aktiv und überträgt die besuchten Webseiten, sodass ein Interessen- und Nutzerprofil zusammengestellt werden kann.[20]

Totalüberwachung dank Amazon Echo und Google home

Der neueste Hit der Internetriesen sind Sprachassistenten bzw. Lautsprecher, die man preisgünstig kaufen kann, die direkt in der Wohnung aufgestellt werden und unseren Alltag vereinfachen sollen. Ich möchte Ihnen Alexa vorstellen.

Der Lautsprecher Amazon Echo mit der integrierten Sprachassistentin Alexa ist der neueste Clou des Internetriesen Amazon. Blieben dem Konzern bisher die Standortdaten der Kunden verwehrt, so wird diese Lücke durch Alexa mit der dazugehörigen App für das Smartphone geschlossen und durch das Sammeln weiterer Daten sogar noch übertroffen.

Mit Alexa kann man quasi alles machen: man kann über sie einkaufen und zum Beispiel sagen: „Alexa, bestelle mir 100 CD-Rohlinge." Der Auftrag wird per E-Mail bestätigt und umgehend ausgeführt. Allerdings sucht Amazon das Produkt für den Kunden aus, und so bekommt man weder das günstigste, noch das qualitativ hochwertigste Produkt. Im Selbstversuch des NDR-Autors Uwe Leiterer wurde dies bestätigt – Amazon verdient so deutlich mehr und kann dem Kunden gezielt teurere Produkte verkaufen.[21] Alexa kann jede gewünschte Musik und jedes Hörspiel abspielen, fasst auf Wunsch die aktuellen Nachrichten zusammen, informiert über das Wetter, stellt Musik lauter oder leiser, hilft den Kindern bei Hausaufgaben, steuert Haushaltsgeräte, Steckdosen, Heizung, Licht, kann durch Verbindung mit der Fitnessuhr über den eigenen Gesundheitszustand informieren usw. und ist dabei noch ungeheuer freundlich. Der Mini-Lautsprecher, der ständig online ist, wird schnell zum unverzichtbaren Teil der Familie![22]

Was der Nutzer allerdings nicht bedenkt, ist die Tatsache, dass Amazon dabei noch mehr Daten über den Kunden sammelt und nun tatsächlich ein komplettes Persönlichkeitsprofil erstellen kann. In der Alexa-App von Amazon heißt es dazu lapidar: „Wir sammeln die Informationen, die Sie uns geben." Dies ist grundsätzlich richtig,

doch wenn die Alexa-App die Daten auf Servern speichert, den Aufenthaltsort des Kunden überträgt und dank dem Smartphone ein Bewegungsprofil erstellen kann, so weiß Amazon praktisch alles über den Tagesablauf: wann man mit welchem Verkehrsmittel das Haus verlässt, welche Straßen man benutzt, wo man arbeitet und einkaufen geht, wieviel Zeit man beim Sport oder bei Freunden verbringt, welche Heizungstemperatur man wann eingestellt hat, wann man schläft (Licht an, Licht aus) etc. Der komplette Tagesablauf kann also nachvollzogen werden. Durch die Kombination mit Fitnessuhren kann Alexa sogar auf den Gesundheitszustand schließen: „Sie haben heute sieben Stunden geschlafen und zwei Stunden Sport getrieben. Ihr Puls liegt bei..." Außerdem können Musikgeschmack, Hörgewohnheiten, persönliche Interessen, Hobbys und Vorlieben etc. nachvollzogen werden – wir sind damit zum komplett gläsernen Kunden geworden und werden quasi totalüberwacht.[23]
Amazon kann nun analysieren, in welcher Gegend, welche Produkte gekauft werden und wo der höchste Gesamtumsatz erzielt wird. Außerdem weiß Amazon dank der Datenmenge genau, was wir wann konsumieren.

Wird die App dann später noch mit Kühlschränken etc. verbunden, brauchen wir nicht mal mehr selbst zu bestellen, denn Alexa weiß schon vor ihnen, was Sie eigentlich benötigen. Kommt ein neues Album Ihrer Lieblingsband heraus, kann Ihnen dies Alexa z.B. zukünftig empfehlen und bestellen. Dementsprechend können neue Vermarktungsstrategien entwickelt und vorangetrieben werden. Um mit Hilfe von Alexa auch telefonieren zu können, greift Amazon natürlich auch auf die im Handy gespeicherten Telefonkontakte zu – auch ohne Ihre Einwilligung und ohne die Einwilligung Ihrer Kontaktpersonen. Dieses Problem existiert auch bei der Nutzung von WhatsApp, Facebook, Google und anderen App-Anbietern, die die Kontaktdaten auslesen, da man sonst die App einfach nicht nutzen kann. Bei Alexa kann man dagegen Einspruch erheben, aber eben dann auch nicht telefonieren – alle anderen Dienste funktionieren aber weiter uneingeschränkt. Sollte man also die Idee haben, Alexa nutzen zu wollen, wäre es empfehlenswert, das Gerät nicht zum Telefonieren zu benutzen. Dass über die Spracherkennung auch private Gespräche aufgezeichnet werden können, wurde bereits mehrfach nachgewiesen. Das Gerät reagiert angeblich nur auf einen eindeutigen Sprachbefehl („Alexa") und nimmt nur nach diesem Aufruf die gestellten Aufgaben an. Momentan ist das Sprachsystem aber noch nicht ausgereift und viele ähnliche Worte wie „Alexa" lösen ebenfalls eine Aufnahme durch das Gerät aus, die gar nicht an den Onlinedienst gerichtet sind. Damit lassen wir einen Konzern in unsere intimste Privatsphäre und Familienstruktur hineinblicken. Derartige Praktiken kannten wir bisher nur von Geheimdiensten und der Stasi, und plötzlich wird ein Rundum-Abhörsystem offiziell salonfähig und massentauglich gemacht und in jedem Haushalt installiert. Dagegen sollten Sie ich wehren und **keinesfalls einen Sprachassistenten in Ihr Leben integrieren**.

In dem für Amazon transparenten System liegt außerdem auch die Gefahr, dass die Daten missbraucht, gehackt oder von Geheimdiensten abgegriffen werden könnten etc. Bereits jetzt kann für die Einreise in die USA das Facebook-Profil überprüft werden.[24] Wer garantiert, dass die Aufnahmen bei Amazon nicht für ein Personenprofil bei Einwanderungsbehörden herangezogen werden? Welche Möglichkeiten geben wir also den Geheimdiensten oder einem unbekannten Hacker in die Hände, wenn Amazon Echo praktisch alles über uns weiß? Werden damit zukünftig bei Mordfällen Alibis nachgewiesen werden können, weil man mit Alexa kommuniziert hat und eine Sprachnachricht auf irgendeinem Server hinterlassen hat? Oder was passiert, wenn Alexa einen Mord aufnimmt und Amazon die Stimme des Mörders kennt?

Vielleicht denken Sie jetzt, dass ja viele Haushalte Alexa benutzen und wenn alle einen Sprachassistenten oder ein Smartphone haben, kann die Gefahr schon nicht so groß sein… Aber hier muss ich eindeutig widersprechen: Desto flächendeckender die Anwendung, desto größer die Datenmenge, desto größer das Wissen über die große Masse an Konsumenten, der wir alle angehören, desto größer das Wissen über uns als Einzelkunden, desto größer das Netz, dem sich keiner mehr entziehen kann und desto größer die Gefahr der

Totalüberwachung und Manipulation. Wir werden mit Werbung von Produkten überschüttet, die ein Algorithmus für uns herausgefiltert hat und von denen wir tatsächlich glauben, dass wir sie brauchen. Facebook arbeitet beispielsweise bereits jetzt an Programmen, die das Verhalten der User aufgrund der vorhandenen Daten vorhersehen sollen. Dank der Algorithmen lassen sich angeblich sogar Straftaten voraussagen.[25] Wie wollen wir reagieren, wenn aufgrund unseres Onlineverhaltens ein Persönlichkeitsprofil erstellt wird, das uns als möglichen Straftäter herausfiltert?

Ebenso kritisch wird der Umgang mit den Daten, wenn davon eine Kreditzusage, der Mietvertrag für eine Wohnung oder der Job abhängen. In Zukunft wird jedoch genau dies passieren: Wir werden zum gläsernen Menschen, der sich der Digitalisierung ausliefern muss. In China ist dies bereits heute Realität, da die Bevölkerung dort mithilfe eines digitalen Zeugnisses eingestuft und kontrolliert wird – und wir sind ebenfalls auf direktem Wege in die Totalüberwachung als Konsumenten.

In der Sendung „Amazon – gnadenlos erfolgreich", in der ZDF über den Giganten Amazon berichtet, wurde versucht, Alexa wieder aus dem Leben von zwei Familien zu verbannen – die Entzugserscheinungen waren enorm, da man den sprechenden Minilautsprecher bereits wie ein Familienmitglied behandelte und tagtäglich für einfache Dinge wie Wetterabfrage, Hausaufgaben etc. benutzte.[26]

Durch dieses Sprachsystem schenken wir dem Internetriesen Amazon außerdem ein weiteres Datengut unseres Daseins – nämlich unsere Stimme. Der Klang und die Frequenz der Stimme ist etwas sehr Individuelles und kann unsere Stimmung und den Gesundheitszustand widerspiegeln. Und auch, wenn die Stimme nicht kommerziell genutzt wird, so gibt man doch von seinem Persönlichkeitsprofil eine weitere biologische Komponente preis. Vielleicht findet Amazon ja in Zukunft sogar für den Klang der Stimme eine Verwendung und kann den Nutzer – ähnlich der Gesichtserkennung – allein am Klang der Stimme erkennen und orten?

Das Smartphone als das Ende der Privatsphäre

Das Smartphone bietet mit den vielen Apps die idealen Voraussetzungen zur Totalüberwachung des Nutzers, der von den Internetkonzernen nur als potentielle Kaufkraft wahrgenommen wird. Die Kontakt- und Telefondaten werden neben Amazon Echo von WhatsApp, Facebook und anderen App-Anbietern gespeichert und ausgewertet. In welchem Umfang und Maße das genau passiert, kann oft nicht nachvollzogen werden, da die Konzerne keinen Einblick in ihre Datenverarbeitung gewähren.

Besonders kritisch müssen Google & Co. bei der Sammlung von Daten während der Smartphonenutzung betrachtet werden. Smartphones können nur sehr aufwendig mit Firewalls ausgestattet werden und sind daher fast permanent online und übertragen alle möglichen Daten.[27] Sind die Smartphones mit dem üblichen Android-Betriebssystem ausgestattet und werden vorinstallierte Google-Dienste (z.B. Play-Store) genutzt, kommuniziert das Gerät beispielsweise direkt mit Google und überträgt Daten zur Häufigkeit der Gerätenutzung, zum Akku-Stand, welche Apps wann genutzt werden, mit wem man wie lange telefoniert, welche WLAN-Verbindung man benutzt, wo man sich aufhält und ob der Bildschirm gesperrt ist etc.[28] Diese Übertragung von Daten findet auch statt, wenn keine App von Google geöffnet ist. So kann der Konzern quasi alles erfassen, was den Smartphonenutzer betrifft: Aufenthaltsort, Telefonverbindungen, Kaufgewohnheiten etc.[29] Die Standorterfassung soll allerdings Ende 2017 eingestellt worden sein.[30]

Zum Thema Online-Datenerfassung gibt es eine Unmenge an Literatur und Studien, wobei man keine Klarheit darüber gewinnt, was nun wirklich von wem, wann und in welchem Ausmaß gespeichert und genutzt wird. Da der Datentransfer ohnehin über Server in der ganzen Welt gelenkt wird, sind die Daten nun mal irgendwo da draußen und werden auf Servern archiviert, und deshalb ist grundsätzlich zu empfehlen: Überlegen Sie sich gut, was sie für Suchbegriffe bei Google eingeben, was für Apps Sie installieren, und seien Sie sich darüber bewusst, dass jederzeit jemand mitlesen und mithören könnte. Für bestimmte Apps und Messenger-Dienste gibt es Alternativen, die suggerieren, sicherer zu sein. Beispielsweise bietet Threema einen Kommunikationsdienst wie WhatsApp an, der keine Telefondaten weitergibt. Threema offenbart allerdings nicht seinen Quellcode, sodass unabhängige Experten nicht überprüfen können, was Threema mit den Daten seiner Nutzer macht.

Neben Threema gibt es noch Signal, Telegram, den Facebook-Messenger, Kakaotalk und viele weitere. Fast alle haben sich nach einigen Hackerangriffen der Ende-zu-Ende-Verschlüsselung verschrieben, sodass Nachrichten nur beim Empfänger entschlüsselt werden. Trotzdem werden bei manchen Apps die Telefon- und Verbindungsdaten eingesehen und ausgewertet. WhatsApp verknüpft diese zudem mit dem Profil bei Facebook und den dortigen Kontakten. Das bedeutet, dass Facebook ganz genau unser Kommunikationsverhalten studieren kann und weiß, mit wem wir wie lange kommunizieren. Es gibt verschiedene Vergleichsportale zu Messenger-Apps, wobei sich die Sicherheitstechnik und die Funktionen auch permanent ändern.[31] Wenn man also Nachrichten mit Hilfe einer Messenger-App verschicken will, punktet Threema mit einem guten Sicherheitsangebot, muss allerdings auch bezahlt werden. Man sollte grundsätzlich bedenken, dass alle Nachrichten, die wir per SMS oder ohne dem Ende-zu-Ende-Prinzip verschicken, durch den Anbieter selbst mitgelesen und gespeichert werden können, oder dass es bereits ausreicht, wenn sich Personen im gleichen WLAN-Netz befinden und die Nachrichten abfangen. Damit geben wir nicht nur unsere persönlichen Daten preis, sondern vor allem unsere Kommunikation, die sensible Informationen enthalten kann. Die Verschlüsselung von E-Mails ist momentan noch angreifbarer, und sie sind im Vergleich zu Messenger-Daten noch schlechter geschützt.[32] **Deshalb müsste man in letzter Konsequenz im Privatbereich auf digitale Medien verzichten und Briefe schreiben – ein wenig so, als wenn wir Mitte des 20. Jahrhunderts leben würden.** Oder Sie legen sich für Ihr Privatleben eine zweite SIM-Karte zu, bei der Sie keine Apps installieren und nur telefonieren. Dass allerdings auch unsere Telefongespräche abgehört werden, ist ja bekannt...

4.

Facebook, Instagram und Snapchat ade – Wie wir wieder direkt miteinander kommunizieren

Durch das Internet und die Smarthonenutzung hat sich unser Kommunikationsverhalten grundlegend verändert. Nicht nur, dass wir überall und jederzeit auf der Welt erreichbar sind, wir können auch per Videochat anrufen und sehen unsere(n) Gesprächspartner. Business-Meetings werden online in Gruppenchats gehalten und sogar Studieren ist in einer Onlinevorlesung gleichzeitig mit mehreren tausend Menschen möglich. Das ist großartig und eröffnet ungeahnte Möglichkeiten!

Gleichzeitig hinterlassen wir aber auch hier durch die Nutzung von Apps, Messenger- und E-Mail-Diensten unsere Spuren im Netz, die von Unbefugten oder von den Konzernen selbst überprüft und für andere Zwecke missbraucht werden können. Und man muss bedenken, dass auch Telefongespräche mitgehört werden können. Die Polizei und der Bundesnachrichtendienst hören pro Jahr ca. eine Million Gespräche mit. Außerdem arbeitet der Bundesnachrichtendienst mit dem amerikanischen Geheimdienst NSA zusammen, der angeblich sogar alle Telefongespräche eines Ziellandes für 30 Tage speichern kann.[33] Wer was genau speichert, ist völlig undurchsichtig und wird in Zeiten der allgemeinen Terrorgefahr stillschweigend geduldet. Im Endeffekt bedeutet dies aber, dass Ihre Gespräche gespeichert und von völlig fremden Personen mit- oder nachgehört werden könnten.[34] Deshalb kann man auch hier nur sagen: **Treffen sie sich mit Freunden oder Geschäftspartner persönlich und kommunizieren Sie wieder direkt miteinander** – keine WhatsApp-Nachrichten oder Posts bei Facebook, sondern richtige, echte Face-to-Face-Kommunikation!

Die Macht von sozialen Medien ist in den letzten Jahren beständig gestiegen. Die amerikanische Wahl wurde 2017 durch die Netzwerke beeinflusst, wobei bis heute der Umfang der Manipulation nicht

geklärt werden konnte. Der Druck, selbst einem sozialen Netzwerk anzugehören, wird immer größer, und etwa ein Viertel der Weltbevölkerung ist beispielsweise bei Facebook registriert.[35]
Auf Facebook posten die meisten User hochsensible Daten, darunter Kinderfotos, Bilder vom Urlaub, von der Wohnung, vom Haus und von Familienfeiern – so erlaubt man seinen „Freunden", möglichst direkt am eigenen Leben teilnehmen zu können, ohne wirklich dabei zu sein. Was passiert aber, wenn jemandem das besondere Gemälde im Hintergrund auf einem Foto gefällt und ein „Freund" gezielt beschließt, das Bild zu entwenden? Oder ein Stalker Gefallen an Ihrer hübschen Tochter findet?
Facebook verändert unser Leben – manche können sogar zwischen den Ebenen des virtuellen Raumes und der Wirklichkeit nicht mehr unterscheiden. Was bedeutet es beispielsweise für Sie emotional, wenn Sie zur Hochzeit eines guten Freundes nicht mehr eingeladen werden, sondern nur noch bei Facebook die schönen Fotos sehen? Oder wenn der Ex-Partner die schönsten Bilder von seinem/seiner neuen Partner/-in aus dem Urlaub postet? Oder die Klassenkameraden sich über die Kleidung eines Mitschülers lustig machen? Müssen wir so viel Äußerlichkeit und Oberflächlichkeit dauerhaft unser Leben bestimmen lassen? Sind die geposteten Informationen wirklich wichtig?
All die Inszenierungen haben mit der Realität und dem inneren Gefühlszustand oft wenig zu tun und können negative Emotionen hervorrufen, da das wirkliche Erleben in den virtuellen Raum verlegt wird und das Abbilden des Ereignisses wichtiger erscheint, als das Ereignis selbst. Negative Gefühle können auch aufkommen, wenn man verfolgt, dass ehemalige Klassenkameraden eine große Karriere machen (oder diese inszenieren), ihr privates Liebesglück zelebrieren oder den Kilimandscharo besteigen, während man selbst ein beschauliches Leben auf dem Lande führt. Studien legten bereits 2013 dar, dass die persönliche Unzufriedenheit mit der dauerhaften Benutzung von Facebook deutlich gestiegen ist.[36] Die Menschen beurteilen und vergleichen sich anders, inszenieren sich im Netz als perfekte Mitbürger (oder als Stereotyp) und verlieren

völlig den Bezug zur wirklichen Situation. Wichtig sind nur die Fotos und Bilder – der Eindruck, den man in den sozialen Netzwerken vermittelt. Deshalb kann es passieren, dass die Wirklichkeit einem Inszenierungszwang unterworfen wird und dass das Abbild wichtiger erscheint als das Erlebnis und Ereignis an sich. Die Wirklichkeit wird somit im vorauseilenden Gehorsam gleich einer Theaterinszenierung bereits für den Facebookauftritt optimiert. Ein wirkliches Einlassen und Erleben der Wirklichkeit wird damit geradezu unterbunden. Unsere Realität verkommt zu einem Abziehbild ihrer selbst. Das Prinzip der Inszenierung an sich existiert natürlich bereits seit Jahrhunderten, war aber bisher nur einer kleiner Elite bzw. Prominenten vorbehalten – jetzt ist jeder schön, interessant und wichtig und Selbstdarsteller im wahrsten Sinne des Wortes. Derjenige, der sich diesem Prinzip heutzutage nicht unterwirft, bleibt außen vor und ist aus der Onlinegemeinschaft – und damit dem Bewusstsein eines Großteils der Bevölkerung – ausgeschlossen oder wird als weniger attraktiv und erfolgreich betrachtet. Dies kann verheerende berufliche Folgen haben, da sich vieles natürlich durch Networking ergibt. Ist man nicht bei Facebook, existiert man praktisch für manche Menschen und Kreise nicht. Besonders Künstler, Musiker, Autoren, Journalisten und Schriftsteller benutzen Facebook daher wie eine Visitenkarte und Werbeplattform, die es möglichst mit erfolgreichen Tweets, Bildern und Nachrichten zu füttern gilt. **Deshalb sollte man Social Media, wenn überhaupt, nur beruflich nutzen.** Denn wenn man etwas zu verkaufen hat, muss man sich heutzutage seine Käufer suchen. Die große Masse tummelt sich im World Wide Web und wartet darauf, dass wir ihr permanent Erfolg, gute Laune und unser tolles Produkt vorzeigen.

Nutzen Sie deshalb die sozialen Netzwerke rein für kommerzielle Zwecke und überlegen Sie genau, welche (persönlichen) Informationen und Bilder sie von sich preisgeben. Niemand sollte von den sogenannten „Freunden“ Ihr Urlaubsziel kennen (und damit wissen, dass Sie im betreffenden Zeitraum nicht zuhause sind) oder Ihr neuestes Auto bewundern (und beneiden). Auch politische Statements und Diskussionen auf Facebook oder Twitter schaukeln sich hoch und können Ihnen beruflich schaden (man denke nur an die Vorgänge, die sich in den USA abspielen, wo bereits ein Satz ausreichen kann, um eine Person völlig zu diskreditieren und künstlerisch ins Abseits zu drängen – allerdings scheint es seit Trump egal zu sein, was man in die Welt hinausposaunt). Gleichzeitig kann man die Medien natürlich auch nutzen, um zu provozieren oder gezielte Meinungsmache zu betreiben (siehe wiederum Donald Trump) – es gibt hier aber keine wirkliche Messlatte, denn was ein Präsident darf, kann für einen Schauspieler eben das Aus bedeuten.

Die unterschiedlichen Reaktionen und Bewertungen auf Posts und Tweets kommen durch die verschiedenen Kontaktgruppen und Meinungsbilder zustande, mit denen man vernetzt ist. Beispielsweise gab es vor der Wahl von Donald Trump zwei politische Lager, die sich auch im Social-Media-Bereich niederschlugen und durch sogenannte Blasenbildung von Onlinekontakten nachzuweisen waren – es gab also ein eindeutiges Trump-Lager und ein Clinton-Lager, die in ihren Weltanschauungen weit auseinanderdrifteten und auch digital nur selten Berührungspunkte untereinander hatten. Da die Medien eher zum Clinton-Lager tendierten und auch dort die häufigsten Umfragen getätigt worden waren, konnte in Prognosen das Wahlergebnis nicht vorhergesehen werden. Durch Phänomene wie die Blasenbildung (auch Filterblase genannt) werden Social Media noch unübersichtlicher und unberechenbarer.[37]

Gerade in den Social-Media-Foren kann auch die Meinungsfreiheit durch bestimmte Reglements gefährdet werden. Facebook-Kommentare unterliegen neuerdings einer Zensur, wobei Posts von undurchsichtigen Instanzen gelöscht werden. Sogenannte Hasskommentare und politische Propaganda werden demnach entfernt, und das Nutzerkonto des Verfassers kann im schlimmsten Fall gesperrt werden. So sollen bereits mehrere Millionen Kommentare gelöscht worden sein.[38] Doch wer entscheidet hier, was Hasspropaganda ist? Und wie werden Hasskommentare herausgefiltert? Wer liest da überhaupt mit? Sind dies nur Algorithmen, die nach Stichworten suchen, oder wird unsere Kommunikation permanent überwacht? Fragen, auf die man keine Antworten erhält.

Snapchat verspricht beispielsweise entgegen der anderen Medien, alle gesendeten Daten und Bilder umgehend zu löschen. Deshalb erfreut sich der Dienstleister ungeheurer Beliebtheit und wird vor allem von der Jugend gegenüber Facebook bevorzugt. Die geposteten Bilder löschen sich nach kurzer Zeit selbst und können nur weiterverbreitet werden, wenn der Empfänger einen Screenshot gemacht hat. Die reine Spaß-App lenkt Jugendliche ab und ermöglicht ein bewusstes Überziehen der Inszenierung.
Trotzdem ist auch hier Vorsicht angebracht: Der Empfänger kann jederzeit einen Screenshot machen, und dann ist es mit der Vernichtung der Daten vorbei. Deshalb sollte man sich immer sehr genau überlegen, was für Bilder man mit wem teilt. Sogenannte Sextings (Nacktbilder und erotische Fotos) sollte man nie von sich verschicken, da die Daten immer durch Missbrauch in falsche Hände geraten könnten und im Internet herumschwirren. Dass der Konzern Snapchat ebenfalls eine Unmenge an Daten sammelt, sollte eigentlich wiederum jedem zu denken geben, denn wer will schon, dass in zehn Jahren ein potenzieller Chef beim Googeln mit Gesichtserkennung Nacktfotos des Bewerbers aus der Pubertät aufstöbern kann?
Da viele Dienste außerdem zu einem Konzern gehören, werden die gespeicherten Daten im Hintergrund zusammengefasst und abgeglichen. Offiziell ist dies sicher jedem bei WhatsApp und Facebook bewusst. Dass Twitter zum Google-Konzern gehört, ist manchen schon weniger bewusst. Auch hier könnte man die Liste unendlich fortführen und aufzeigen, wie stark die Internetriesen vernetzt sind und Daten untereinander abgleichen.
Deshalb hier zusammenfassend der Rat:
Löschen Sie alle Accounts bei sozialen Netzwerken (Twitter, Facebook uns Co.) oder nutzen Sie die sozialen Netzwerke (wenn überhaupt) nur für berufliche Zwecke. Vermeiden sie jegliche private Nutzung dieser Dienste und kommunizieren Sie mit Freunden und Verwandten wieder direkt. Vermeiden Sie Inszenierungen im Privatbereich und posten Sie keine privaten Bilder.

5.

Ich kaufe im Laden und zahle bar – wie wir uns vom Amazon-Spinnennetz befreien

Bereits seit der Einführung von EC- und Kreditkarten sind wir als Kunden praktisch gläsern. Kreditinstitute und Banken könnten genau wissen und auswerten, wann wir was gekauft haben, tun dies aber angeblich aufgrund von Datenschutzbestimmungen nicht.[39] Was allerdings mit unseren Bankdaten geschieht, ist ebenfalls in gewisser Weise diskriminierend: Die Transaktionsunternehmen zur Abwicklung des Zahlungsverkehrs stufen die Kreditwürdigkeit des Karteninhabers ein, und Händler nutzen die gelieferten Daten, um zu entscheiden, ob wir mit dem PIN-Verfahren oder mit Unterschrift bezahlen. Wenn es mehrere Rücklastschriften gab, wird die Kreditwürdigkeit herabgestuft. Das führt dazu, dass man beim nächsten Einkauf mit PIN-Eingabe bezahlen muss, was zwar höhere Kosten für den Verkäufer bedeutet, aber die sichere Abbuchung des Geldbetrages von der Bank auf das Konto des Händlers garantiert.[40]

Mit der Benutzung von sogenannten Payback-Karten, die uns gegen eine kleine Vergütung dazu bringen, jeden unserer Käufe registrieren zu lassen, kann dann sogar noch gezielter ausgewertet werden, was wir wann und wo kaufen, wieviel wir für Kosmetik oder Benzin ausgeben, welche Lebensmittel wir bevorzugen etc. Durch die Digitalisierung des Handels und die Verlagerung in den Onlinehandel spitzt sich die Totalüberwachung unseres Kaufverhaltens nochmals zu.

Marktführend ist beim Onlinehandel unangefochten Amazon. Der Marktriese begann als Bücherversand und hat sich über wenige Jahre hinweg zu einer universellen Handelsplattform entwickelt, die eigene Produkte anbietet, Serien produziert und sogar Lebensmittel ausliefert. Außerdem bietet Amazon anderen Händlern die Möglichkeit, auf der Plattform zu verkaufen, obwohl Amazon auch hier die Einlagerung und eigene Versendung anstrebt.

Der Konzern greift durch die umfassende Abdeckung des gesamten Warenspektrums massiv in das traditionelle Handelsgefüge ein, wobei nicht ersichtlich ist, was Amazon mit den Massen an Daten, die von uns gesammelt werden, anfängt. Neben den einzelnen Produkten, die wir dort bestellen, wird auch jeder Suchbegriff und jedes längere Verweilen auf einer Seite genaustens registriert, um uns später mit gezielter Werbung den eben angesehenen Artikel schmackhaft zu machen und doch noch zu einer Kaufentscheidung zu überreden.
Amazon überwacht damit natürlich seine Kunden komplett und hat sein Angebot durch die Einführung von Amazon Echo (siehe vorhergehendes Kapitel) und Amazon Prime noch verfeinert. Durch die Zahlung eines jährlichen Beitrages erhält der Kunde bei Amazon Prime die Ware bereits einen Tag nach der Bestellung und kann außerdem auf Produkte zugreifen, die dem „normalen Kunden" nicht zugänglich sind. Außerdem besteht die Möglichkeit, als Prime-Kunde Serien, Filme und Musik kostenfrei zu konsumieren, die von Amazon bereitgestellt oder sogar produziert werden. Damit hat Amazon seine Prime-Kunden voll im Griff und überblickt jetzt sogar noch die Vorlieben im Unterhaltungssektor. Manche Serien werden überhaupt nur noch produziert, wenn eine bestimmte Streaming-Anzahl beim Pilotfilm erreicht wurde.
Doch was bedeutet dies konkret?

- Amazon wertet unsere Kauf- und Unterhaltungsvorlieben und Daten intern aus und optimiert für jeden Kunden individuell das Verkaufs- und Werbeangebot, denn Amazon will so viel wie möglich an jedem Kunden verdienen.
- Durch die Einführung von Amazon Echo kann nun auch der private Lebensbereich komplett überwacht und das soziale Umfeld eingestuft werden, ein Stimmenabgleich erfolgen und eine Standortermittlung durchgeführt werden. Wir werden zum gläsernen Kunden (mit Familie), dessen Vorlieben und Konsumverhalten komplett von einem Konzern überwacht und benutzt werden können.

- Manche Produkte sind nur für Prime-Kunden zugänglich. Der Kunde wird dadurch von Amazon gezwungen, Prime-Kunde zu werden, um das volle Produktangebot und den vollen Service nutzen zu können. Durch Prime wird man aber noch stärker an Amazon gebunden und analysiert.
- Externe Händler sind vom Wohlwollen des Konzerns abhängig, der nach undurchsichtigen Prinzipien entscheidet, welches Produkt von welchem Händler bei einer Sucheingabe als erstes erscheint. Dadurch hat Amazon eine Monopolstellung und kann bestimmte Produkte im Ranking bewusst anderen Produkten vorziehen. Dadurch besteht eine hohe Manipulationsgefahr.
- Bewertungen könnten manipuliert werden und so Produkte empfohlen werden, die nicht der tatsächlichen Qualität entsprechen.
- Kunden, die überproportional häufig etwas reklamiert haben, können aus der Amazon-Kundschaft ausgeschlossen werden und ihr Konto kann dauerhaft gesperrt werden. Dies kann auch Familienmitglieder betreffen.[41]
- Es entsteht eine Abhängigkeit und Konsumsuchtgefahr, die uns vorgaukelt, dass alles schnell und sofort lieferbar ist. Dadurch werden andere Händler enorm unter Druck und Zugzwang gesetzt, da sie diesem Zeit- und Lieferdruck nicht standhalten können. Amazon baut dadurch mit seinem Bestell- und Liefersystem ein gigantisches Monopol auf, dem sich zukünftig kaum ein Händler entziehen kann. Sogar ein eigener Zustellservice ist geplant.
- Die Arbeitsbedingungen bei Amazon sind für Arbeitnehmer absolut leistungsorientiert und menschenunwürdig. Wenn Sie Kunde bei Amazon sind, unterstützen Sie dieses System der permanenten Überwachung und Entmenschlichung, bei der sogar Toilettenzeiten festgelegt sind.[42]
- Bestimmte Autoren und Bücher sind bei Amazon aus politischen oder sonstigen Gründen nicht mehr erhältlich und wurden aus dem Verkaufsportal ausgeschlossen. Damit

> findet in gewisser Weise eine Zensur statt, wobei nicht ersichtlich ist, nach welchen Kriterien entschieden wird und wer diese Entscheidungen letztendlich trifft.[43]

Die Einführung des Sprachassistenten Alexa hat das Bestellen von Produkten noch einfacher gemacht: Man muss nur Alexa sagen, dass man neuen Kaffee braucht und schon wird dieser am Folgetag geliefert. Durch die Speicherung der Bestellung mit Zeit- und Ortsangabe wird unser Konsumverhalten genaustens analysiert, sodass Amazon in Zukunft bereits im Voraus Bestellungen von Lebensmitteln oder Kinderkleidung ordern kann. Die künstliche Intelligenz wird uns dank der Algorithmen immer besser analysieren und unsere Bedürfnisse erkennen.

Wollen wir das wirklich? Wollen wir, dass Amazon entscheidet, welches Buch uns gefallen könnte, oder welche Musik wir am Nachmittag hören?

Auch bei anderen Online-Händlern und Portalen muss man sich meistens anmelden und umfassend identifizieren. Meist reicht nicht mehr die E-Mail und die Adresse, sondern es werden auch noch Geburtsdatum und Telefonnummern abgefragt. Gelangen diese Daten in falsche Hände, kann man damit Telefon- und Bankverträge abschließen oder Einsicht darüber bekommen.

In China wurde bereits in vielen Orten das komplett bargeldlose Bezahlen eingeführt – mit dem Smartphone werden lediglich QR-Codes gescannt und der entsprechende Betrag wird abgebucht. Sogar Bettler nutzen dieses System. Zwei Großkonzerne bieten dieses System dort an: WePay von Tencent und Alipay von Alibaba. Alibaba hat ebenfalls erste Supermärkte ohne Personal eingeführt – man bestellt an einem Display und bekommt das Gekaufte 30 Minuten später geliefert.[44] Damit ist uns China im Umgang mit der Digitalisierung weit voraus. Allerdings unterscheidet uns auch ein wichtiger Punkt von China: China ist ein totalitäres Regime, ein Überwachungsstaat, der gerade beginnt, dank der Digitalisierung eine Komplettüberwachung seiner Bevölkerung einzuführen. Die Bevölkerung in China hat nichts gegen diesen Prozess einzuwenden, da sie ohnehin ständig der staatlichen Kontrolle unterliegt und so vielleicht eine größere Transparenz für den Einzelnen ermöglicht wird. Die Chinesen begeben sich also bewusst in ein Abhängigkeitsverhältnis zum Staat und zu den großen Konzernen, lassen sich überwachen, sammeln Punkte für gutes Verhalten etc. und werden zu komplett überwachten, staatstreuen Manipulationsobjekten. Da es keinerlei Datenschutzregelungen gibt, bleibt völlig undurchsichtig, wer welche Daten wozu auswertet. Den Chinesen geht damit ein großes Stück Freiheit verloren: Wenn der Staat und die Konzerne alle Einkäufe, Internetrecherchen, Aufenthaltsorte und Kontakte kennt, benutzt und auswertet, gibt es praktisch gar keine Freiheit mehr. Jeder Schritt kann nachvollzogen werden und im Zweifelsfall gegen das Individuum verwendet werden. Jede kritische (politische) Äußerung im digitalen Netz kann Konsequenzen nach sich ziehen. Wollen wir so ein Szenario in Europa?

Eine noch größere Gefahr liegt in der flächendeckende Einführung eines Datenchips im Körper, mit dessen Datenvernetzung man ebenfalls bezahlen kann. Dies ist in manchen Ländern (Schweden) bereits jetzt schon Realität. Der Datenchip gibt nämlich noch viel weitreichender Informationen von uns preis: unsere Aufregung, die Körpertemperatur, das Sexualleben, unsere Essgewohnheiten und den Schlafrhythmus. Manches kann schon jetzt dank Amazon Echo nachvollzogen werden, doch so ist der Körper direkt mit der digitalen Welt verbunden und wird rund um die Uhr überwacht. Damit wird eine weitere Grenze überschritten.[45] Deshalb meine Empfehlung: **Bezahlen Sie mit Bargeld! Lassen Sie sich einfach im Fachgeschäft beraten und kaufen Sie beim Fachhändler vor Ort. So kann niemand zurückverfolgen, wann sie wo, was und warum gekauft haben.** Außerdem bleiben Arbeitsplätze erhalten.

Niemand weiß dann, ob Sie ein Kind erwarten, ein neues Auto kaufen wollen, oder einen Kredit aufnehmen möchten.

Genießen Sie die Anonymität und Sicherheit des Handels mit Bargeld in der realen Welt!

6.

Mein Kind bleibt offline – Ausgrenzung als Chance

Im Bildungsbereich wird bereits seit Jahren diskutiert, inwieweit man digitale Medien in den Unterricht und Lehrplan einbinden sollte oder bereits in den Kindergarten integrieren kann.[46] Viele Länder gehen viel offensiver und offener mit den neuen Medien um und versuchen, Kinder bereits im Grundschulalter oder eher an Computer und Co. heranzuführen.[47] Vor allem in China, Japan und Korea gehört das Tablet, Smartphone oder der Computer zur Grundausstattung eines Kinderzimmers. Dort versucht man, den Kindern durch die frühzeitige Heranführung an die Medien einen Vorteil für die spätere berufliche Entwicklung zu verschaffen.[48]

Dabei sollte man die Einbeziehung der digitalen Medien in die Erziehung aber viel weitgefasster einordnen: In vielen asiatischen Ländern unterscheiden sich die Ziele der Erziehung sehr von unseren. Steht in Deutschland die Herausbildung einer individuellen Persönlichkeit an erster Stelle, so wird beispielsweise in China viel größerer Wert auf Leistung, Unterordnung und Respekt gelegt. Dort gehört Strenge und Kontrolle für Kinder zum Alltag und eine alternative, freie Entwicklung der Persönlichkeit, wie wir sie beispielsweise aus der Waldorfpädagogik kennen, wird dort nur zögerlich angestrebt.[49] Die amerikanische Juraprofessorin Amy Chua hat mit ihrem Erziehungsratgeber vor wenigen Jahren große Diskussionswellen ausgelöst, weil sie Zwang, Druck und Repressionen als Erziehungsmethoden anpries.[50] In China lernen z.B. zwischen 35 und 50 Millionen Kinder Klavier und müssen zudem ein enormes Pensum an weiteren Tagesaufgaben bewältigen.[51] Die digitalen Medien werden in das durchstrukturierte Leben fließend integriert, um die Leistungsfähigkeit vermeintlich noch mehr zu steigern.

Doch gerade in China werden die digitalen Medien momentan zur Komplettüberwachung seiner Bürger ausgebaut, die durch ein digitales Punktesystem bewertet werden. Das digitale Führungszeugnis wird überall herangezogen und entscheidet über alle wichtigen Fragen des Lebens: welchen Beruf man ausüben kann, wo man eine Wohnung bekommt, ob man kreditwürdig ist etc. Jedes kleinste Vergehen führt zum Punktabzug und kann zum ernsthaften Hindernis im Lebensweg werden. Damit erzieht man die chinesischen Bürger zu hörigen Mitmenschen, die den Müll wegräumen, alten Menschen helfen und keinerlei Verkehrsdelikte begehen – schafft aber gleichzeitig die Bedingungen dafür, das individuelles Verhalten und freiheitliches Handeln eingeschränkt wird.[52] Digitalisierung bedeutet dort also Erziehung, Kontrolle und Unterordnung – und diese beginnt im Kindesalter.

In Südkorea ist eine weitere Entwicklung zu beobachten: Dort wird die Internet- und Spielsucht anders bewertet und sogar gefördert. Computerspielende Jugendliche werden im koreanischen Fernsehen bei Wettkämpfen gezeigt und wie Popstars verehrt. Das heißt: Im Fernsehen schauen Millionen Zuschauer dabei zu, wie Spielsüchtige gegeneinander im Internet antreten und somit Geld mit ihrer Sucht verdienen. Die meist jungen Männer sitzen tagelang am Computer, sehen kein Tageslicht mehr und haben ihr gesamtes Leben um die Spiele herum aufgebaut – sie sitzen nur noch am Rechner. Südkorea hat auch eine der niedrigsten Geburtenraten der Welt (1,05 Kinder pro Frau).[53] Ob dort ein Zusammenhang besteht? Die Digitalisierung greift damit vor allem in den asiatischen Ländern schon frühzeitig in das Leben der Kinder ein und verändert die Wahrnehmung der Welt. Es fängt bei einfachen Dingen wie der immer schlechter werdenden Schreibschrift an und hört bei der sozialen Kompetenz auf.

Was bedeuten digitale Medien aber allgemein für Kinder und ihre Entwicklung? Im Zuge der Recherche für dieses Buch wurde mir das Ausmaß der Probleme, die das Internet vor allem bei Kindern und Jugendlichen verursachen kann, erst im vollen Ausmaß deutlich. Beispielsweise hat sich die Anzahl der Internetsüchtigen bei den 12- bis 17-Jährigen seit 2011 fast verdoppelt.[54] Bereits 17 Prozent der zwei- bis fünfjährigen Kinder „benutzen“ ein Smartphone. Viele Kinder und Jugendliche spielen regelmäßig im Internet und werden

sehr schnell zu Computerspielsüchtigen (Internet Gaming Disorder, abgekürzt: IGD). Außerdem kann eine Abhängigkeit zu sozialen Netzwerken (Facebook und Co.) entstehen.[55] In der Pubertät kann sich vor allem bei Jungen und Männern des Weiteren eine Online-Sexsucht (Pornografie, Sex-Chats oder Sex-Dating) herausbilden.
Eine seit 1998 durchgeführte Studie zeigt, dass knapp 19 Prozent der Jungen täglich mehr als 10 Stunden am Computer spielen – das heißt, dass diese Kinder aus der Schule kommen und danach direkt am Computer sitzen und bis tief in die Nacht hinein nicht mehr vom Bildschirm loskommen. Bei den Mädchen sind es vergleichsweise wenige zwei Prozent.[56]
Vor allem bei kleinen Kindern bis zum Alter von sechs Jahren können die Auswirkungen der Internetnutzung fatal sein. Laut einer Studie spielen bereits 75 Prozent der Zwei- bis Vierjährigen bis zu 30 Minuten täglich mit Smartphones.[57] Das birgt enorme Risiken. Kinder können von ihrer biologischen Entwicklung her, vor allem Kleinkindalter, nicht zwischen Realität und Fiktion unterscheiden – das heißt, dass sie das, was sie im Internet oder Fernsehen sehen und erleben, für real halten. Dadurch kann es zu Konzentrationsstörungen, aggressivem Verhalten, Nervosität oder sogar zur Herausbildung von Persönlichkeitsstörungen kommen. Außerdem kann die gesunde Entwicklung des Sprachvermögens und des Bewegungsapparates unter der Internetnutzung leiden. Deshalb tragen Eltern hier eine große Verantwortung und sollten Kinder bis drei Jahren ganz von digitalen Medien fernhalten und Kindern unter sechs Jahren keinen eigenständigen Zugang zum Internet und zu Computerspielen ermöglichen. Kinder in diesem jungen Alter sollten Kinderbücher anschauen, Hörspiele hören oder idealerweise spielen und vorgelesen bekommen. Sie müssen selbst die Welt entdecken, im Freien spielen, Buden bauen, Rollenspiele durchführen und nicht stundenlang auf einen Monitor starren. Durch die Zeit, die von Kindern vor dem Bildschirm oder mit dem Smartphone verbracht wird, geht Kindheit im wahrsten Sinne des Wortes verloren. Die Kinder werden zu wahren Zombies und treffen in der Schule und bei den Eltern auf Unverständnis und Sorge, wenn sie unter

Sprachstörungen, Aggressivität oder ADHS leiden. Die besorgten Eltern gehen dann zur Logo- oder Ergotherapie, um die entstehenden Defizite auszugleichen und könnten eigentlich durch ausreichendes Spielen im Freien und das Verbot der digitalen Zeittöter viele Probleme vermeiden.
Zusammenfassend können folgende Probleme bei unter Sechsjährigen bei der regelmäßigen Nutzung von Fernsehen und digitalen Medien auftreten: [58]

- Konzentrationsstörungen
- Sprachstörungen
- spätere Lese-/Rechtschreibschwäche
- Aufmerksamkeitsdefizit
- Aggressivität und gestörtes soziales Verhalten
- Depressionen/Apathie
- Schlafstörungen
- Fettleibigkeit
- Störungen des Bewegungsapparates
- Atembeschwerden

Bei den älteren Kindern und Jugendlichen sollte vor allem der soziale Aspekt nicht unterschätzt werden: Acht Prozent der 12- bis 17-Jährigen pflegen Kontakte zu Freunden ausschließlich über soziale Medien – ein Treffen in der realen Welt ist also gar nicht mehr vorgesehen.[59] Man lebt Beziehungen und Freundschaften quasi in einer Parallelwelt ohne Bezug zur Wirklichkeit. Das Verbot von WhatsApp und Twitter für unter 16-Jährige (bzw. die erlaubte Nutzung nur mit Zustimmung der Eltern) ist also absolut angebracht und sollte auch eingehalten werden.[60]
Deshalb sollten wir Erwachsene und Eltern einen gesunden Umgang mit den digitalen Medien vorleben, da natürlich auch Kinder in irgendeiner Form an diese Medien herangeführt werden müssen.
Und Sie können der negativen Entwicklung entgegentreten, indem Sie die Medienzeit gezielt begleiten und begrenzen – das bedeutet: gezielte, für die Altersgruppe entsprechende Sendungen oder Spie-

le heraussuchen und die tägliche Medien-Zeit auf ein Minimum begrenzen. Zu der Häufigkeit von Fernsehkonsum und Computernutzung gibt es unterschiedliche Empfehlungen. Meine persönliche Empfehlung lautet: Kinder ab drei Jahren können einmal die Woche 20-30 Minuten fernsehen, wobei man die Häufigkeit bis zum Alter von sechs Jahren langsam steigern kann. Mehr als 30 Minuten täglich sollte ein Kind unter sechs Jahren allerdings meiner Meinung nach nicht vor einem Bildschirm verbringen. Kinder zwischen 6 und 16 Jahren kann man kaum noch von den Medien fernhalten, da auch in den Schulen Medienkompetenz verlangt und gefördert wird – ab der fünften Klasse kommt kaum eine Hausaufgabe ohne Wikipedia-Artikel aus. Was ist also zu beachten? Hier ein paar Vorschläge zum Umgang mit Medien bei Kindern:

1. Unter Sechsjährige sollten grundsätzlich keinen eigenen Zugang zu digitalen Medien etc. haben (kein Smartphone, Computer, Fernsehen etc.)
2. Eltern sollten den Fernsehkonsum bei unter Sechsjährigen auf ein Minimum beschränken und die Sendungen gezielt aussuchen (Youtube oder Mediatheken, DVDs etc.) – mehr als 30 Minuten pro Tag sind nicht empfehlenswert.
3. Eltern sollten ihren Kindern die maximale Aufmerksamkeit schenken und nicht durch Computer und Smartphones abgelenkt werden. Das Verhalten der Eltern hat Vorbildwirkung, und wenn die Eltern Stunden vor dem Computer verbringen, beeinflusst dies das Bild der Kinder im Verhältnis zu den Medien. Vor allem sollten alle Mahlzeiten ohne (digitale) Medien stattfinden.
4. Nachts sollte auch bei Jugendlichen kein Smartphone bzw. Computer im Raum sein, und man sollte sich sozusagen komplett offline begeben (je nach Alter ab 20.00 Uhr)
5. Onlinespiele sind tabu. Auch, wenn Freunde etc. Computer spielen, sollten Sie vor allem die Jungen so lange wie möglich von Computerspielen fernhalten. Das Suchtpotenzial und die möglichen negativen Folgen sind einfach zu hoch.

6. Ein Smartphone sollte frühestens ab dem Alter von 12 Jahren verwendet werden, mit uneingeschränktem Internetzugang idealerweise noch später (ab 16 Jahren) oder gar nicht. Kinder sollten direkt über Telefon mit Freunden kommunizieren und die reale Welt entdecken. Das heutzutage Jugendliche gemeinsam abhängen und alle auf ein Smartphone starren, ist leider ein alltägliches Bild geworden – unternehmen Sie etwas dagegen!
7. Zuhause sollte das Smartphone auf lautlos gestellt sein (auch kein Vibrationsalarm), um sich ganz der Familie widmen zu können.
8. Kinder sollten die Kosten für die Internetnutzung selbst tragen, um ein Gefühl für die Kosten des Konsums zu erhalten (z. B. Abzug vom Taschengeld).

Bei diesen Vorschlägen handelt es sich nur um Empfehlungen und Anregungen. Viele Ratgeber und Analysen können zu anderen Ergebnissen kommen und auch andere Vorschläge unterbreiten. Belesen Sie sich und entscheiden Sie selbst, welchen Einflüssen ihr Kind ausgesetzt sein soll – denn Sie tragen die Verantwortung für die Entwicklung Ihres Kindes.[61]

7.

Internet sinnvoll nutzen – gezielte Mediennutzung praktizieren

Wenn Sie unter dem Titel des Buches „Leben ohne Medien" etwas anderes erwartet haben und vor allem mit der Maßgabe herangegangen sind, wie Sie tatsächlich ohne Medien leben können, so lautet die einfache Antwort:

Leben Sie ohne Medien
und verbannen Sie diese einfach aus Ihrem Leben!

Jeder ist grundsätzlich selbst Herr über die Gestaltung seines Lebens, über seinen Beruf und über sein Privatleben. Wir unterwerfen uns nur ständig gewissen Zwängen, und jetzt gibt es keine Ausreden mehr! Wenn Sie also tatsächlich ohne Internet leben wollen, so fangen Sie einfach heute damit und verbannen Sie das Smartphone, Tablett und den PC aus Ihrem Leben. Der Fernseher sollte ja schon nach dem ersten Kapitel abgeschafft worden sein... Alles lässt sich organisieren, und es ist nur eine Frage der Einstellung, wie wir unser Leben gestalten. Schaffen Sie also heute einfach den Fernseher, das Smartphone und Handy ab und leben sie wieder Offline!
Manches wird dadurch vielleicht wieder etwas komplizierter: Sie können dann nicht mehr bei Amazon bestellen, über WhatsApp mit Freunden chatten und Ihren Facebook- oder Twitter-Account auf dem Laufenden halten, aber durch die Umstellung gewinnen Sie eine Unmenge an Zeit und Entspannung. Bis zu 10 Stunden ist durchschnittlich jeder Deutsche pro Tag mit Fernsehen, Internet und Co. beschäftigt. Nutzen Sie diese Zeit für Ihr reales Leben! Machen Sie Besorgungen und Einkäufe in der nächstgrößeren Stadt oder beim Händler um die Ecke, besuchen Sie Freunde, telefonieren Sie wieder mehr, lesen Sie Bücher zur Entspannung und gehen Sie raus in die Natur. Kurzum:

Entdecken Sie wieder die Realität und das Wesentliche!

Wenn Sie allerdings nicht komplett auf das Internet verzichten wollen oder können und das komplette Abschalten aus logistischen oder beruflichen Gründen nicht möglich ist, so gehen Sie bewusster mit den digitalen Medien um.
Benötigen Sie beispielsweise das Internet und die E-Mail-Kommunikation für Ihr Berufsleben, so schalten Sie nach der Arbeitszeit das Internet bewusst ab. Oder nehmen Sie sich vor, nur einmal täglich für 20 Minuten während der Privatzeit im Internet zu surfen, um (private) E-Mails zu checken oder Online-Einkäufe zu tätigen. Sinnloses Suchen, Zappen und Zeitvertreib im Internet sollte passé sein. Lassen Sie sich nicht verführen, Teil einer digital gesteuerten Konsumgesellschaft zu werden. Also:

**Trennen Sie Privat- und Berufsleben,
sodass sie zumindest im Privaten abschalten können.**

Wirklich zu empfehlen ist tatsächlich das Abschaffen des Fernsehers. Sie verpassen wirklich nichts Wichtiges (siehe Kapitel 1). Ohnehin werden sich die Fernsehlandschaft und die Unterhaltungsbranche noch drastischer ins Internet verlagern und Streaming-Angebote stetig wachsen. Und wir als Konsumenten sollten auch über unseren geistigen Input bzw. über unsere Unterhaltung frei entscheiden können.
Als nächstes empfehle ich Ihnen, alle privat genutzten Accounts bei Facebook, Twitter und Co. zu löschen. Falls Sie diese Profile beruflich brauchen, sollten Sie diese auch tatsächlich nur für berufliche Inhalte verwenden und keinerlei private Bilder, Vorlieben oder wirklich persönliche Informationen posten.
Zum Kommunizieren empfehle ich wieder das direkte Gespräch – Face-to-Face oder per Telefon. Nehmen Sie wieder echten Kontakt zu Ihren Mitmenschen auf. Sollten Sie allerdings unbedingt einen Messenger-Dienst nutzen wollen, so informieren Sie sich über Sicherheitsstandards und verzichten Sie auf Abkürzungen, falsche

Rechtschreibung und unhöfliche, flapsige Kommunikation. Gerade Kurznachrichten, Facebook-Einträge usw. haben wieder eine gewisse Unhöflichkeit, Direktheit und Radikalität salonfähig gemacht, die man im direkten Gespräch untereinander so nicht anwenden würde. Das ständige Abkürzen von Wörtern, Weglassen von Anrede etc. lässt unsere Sprache verkümmern und reduziert auch unsere emotionalen Äußerungen auf kleine Kürzel wie Hdl („Hab Dich lieb"). Benötigen wir so einen fragmentarischen Umgang miteinander? Wenn man nicht mal in der Lage ist, eine derartig kurze Botschaft tatsächlich auszuschreiben, so kann sie nicht ernstgemeint sein.

Reden Sie also direkt mit den Menschen, die Ihnen wichtig sind. Nehmen Sie sich die Zeit und klären Sie auch Probleme und Sachverhalte direkt.

Schreiben Sie nicht wegen jeder Kleinigkeit eine E-Mail, sondern wahren Sie die Verhältnismäßigkeit der Mittel.
Beim Nutzen des Internets zum Einkauf sollten Sie sich vorher drüber bewusst sein, was genau Sie kaufen wollen. So können Sie gezielt suchen, Portale und Bewertungen durchstöbern und sich für das beste Produkt oder Preis-Leistungsverhältnis entscheiden. Bei wem, wo und was Sie kaufen, kann Ihnen niemand vorschreiben, doch es empfiehlt sich, natürlich immer direkt beim Fachhandel zu kaufen.
Viele Händler haben auch einen Onlineshop, der günstige Angebote hat. Allerdings muss man dort oft seine kompletten Daten angeben. Nutzen Sie möglichst den Gastzugang (falls vorhanden) und melden Sie sich nicht bei jedem Shop als Kunde mit E-Mail an – man erhält sonst eine Fülle von Werbemails, die Ihr Postfach zumüllen.

Kaufen Sie so wenig wie möglich im Internet und wenn Sie online einkaufen, nutzen Sie den Gastzugang.

Möchten Sie allerdings vermeiden, dass Ihre E-Mail- und Adressdaten dauerhaft beim Händler gespeichert werden und es gibt keinen Gastzugang, bleibt wahrscheinlich doch nur der Gang zum Händler um die Ecke. Dadurch unterstützen Sie den Einzelhandel und liefern sich nicht den großen Internet-Konzernen mit ihren Datensammlungen aus. Lassen Sie sich einfach umfassend beim Einzelhändler beraten und zahlen Sie lieber etwas mehr – der Service und der direkte Kontakt zum Kundenbetreuer werden Sie zufriedener zurücklassen.

Auf in die reale Welt!

8.

Der Lärm nervt! –

Musik wieder bewusst erleben und Lärm meiden

Wir sind ständig von Lärm umgeben. Eine Studie der Deutschen Gesellschaft für Akustik e.V. offenbart in drastischer Weise, wie stark jeder Einzelne tagtäglich Geräuschen und Lärm ausgesetzt ist, die uns innerlich stressen und Krankheiten auslösen oder begünstigen können.[62] Neben dem Verkehrslärm (Auto-, Bahn- und Flugzeuglärm), Baulärm, Lärm von Gebrauchsgeräten (Küchengeräte, Rasenmäher etc.) und Kommunikationslärm (Gespräche in der Straßenbahn, Telefonate etc.) werden wir täglich mit Musik, technischen Geräuschen oder digitalen Geräuschen beschallt, die uns innerlich in ständige Alarmbereitschaft versetzen. Dazu gehören Klingel- und Piep-Geräusche von Handys, Smartphones und Computern ebenso wie das Piepen an der Supermarktkasse, wenn ein Artikel eingescannt wird und die Dudelmusik in Fahrstühlen oder an Endlos-Warteschleifen bei Telefonanrufen.

Da viele Menschen gleiche Signaltöne bei Smartphones einstellen, kann man beispielsweise in der Straßenbahn beobachten, wie nach einem Piepston mehrere Personen gleichzeitig ihr Smartphone zücken, um eine eventuell eingetroffene Nachricht zu lesen. Das bringt eine ungeheure Unruhe in den Alltag, die uns ein Abschalten kaum mehr ermöglicht und zu allgemeinem Stress führt.

Bei Studien an Tieren wurde festgestellt, dass technische Geräusche sich direkt auf das Verhalten der Tiere auswirken. Sie führen zu Störungen und Beeinträchtigungen der Kommunikation zwischen den Tieren und verursachen Probleme bei der Ortung von Beutetieren. Außerdem beeinträchtigen sie das Paarungsverhalten sowie die Aufzucht der Jungtiere. Einige Tierarten weichen Lärmquellen großräumig aus und können so aus ihrem natürlichen Lebensraum sogar verdrängt werden. [63]

Da der Mensch in gewisser Weise auch ein Tier ist, kann man sich vorstellen, wie der Lärm sich auf unser Leben auswirkt – auch, wenn wir es nicht bewusst wahrnehmen. Wir können in fast jedem Einkaufscenter, das wir betreten, in jeder Tankstelle, im Supermarkt, im Bus – einfach überall – „Musik" erleben. Supermärkte und der Einzelhandel machen sich die Wirkung von Musik bewusst zunutze, um unser Kaufverhalten zu manipulieren. Man wird durch Musik sofort in eine bestimmte Stimmung gebracht, die uns energetisieren, beruhigen oder je nach Verkaufsprodukt stimulieren soll. In einem Eine-Welt-Laden wird man sicher Weltmusik erlauschen, wohingegen in einem hippen Klamottengeschäft Hip-Hop läuft und im Supermarkt einfach nur Radiomusik dahindudelt.
Das Problem dabei ist: Wir können diese Klänge nicht abstellen, und sie wirken sich direkt auf unser Wohlbefinden und den Körper aus. Der Rhythmus, die Frequenzen und der Klang an sich stimulieren unsere Nerven und können zur Hormonausschüttung und Stressreaktionen führen. Wir reagieren einfach ständig unbewusst auf Klänge und Lärm, da der Mensch bereits seit der Urzeit auf das Gehör angewiesen ist, um Gefahren zu erkennen oder jagen zu gehen. Heute ist unser Gehör – und damit unser Gehirn – einer permanenten Geräusch- und Reizüberflutung ausgesetzt, die uns wichtige von weniger wichtigen Geräuschen nicht mehr unterscheiden lässt. Außerdem verlernen wir dabei „richtig" zu hören und schalten somit akustisch ab. Die Klänge des Alltags verkommen zu einem einzigen Geräuschbrei, sodass wir – um überhaupt bei Klang noch etwas zu fühlen – in laute und völlig überakustische Popkonzerte gehen, die eigentlich unser Gehör massiv schädigen können. Dort dröhnen die Bässe meist so laut, dass sogar unsere Hautoberfläche pulsiert. Ein ähnlich starkes Geräusch entsteht, wenn ein Düsenjäger startet oder wenn wir die Kopfhörer sehr laut aufdrehen, sodass sogar der Nachbar in der Straßenbahn noch mithören kann.
Kann dieser Lärm gesund sein? – Wohl kaum.
Lärm und Geräusche werden zunehmend zur Bedrohung unserer psychischen und physischen Gesundheit und können Schlaflosig-

keit, Unruhezustände und andere Probleme verursachen. Deshalb sollten wir lernen, Geräusche wieder bewusst wahrzunehmen bzw. diese möglichst häufig abzustellen und wieder klangliche Ruhephasen erleben. Wenn nicht mehr ständig das Radio dudelt, die Straßenbahn vorbeirauscht oder das Smartphone piepst, bleibt vielleicht Raum, um wieder wirklich hören zu lernen.
Wer besucht noch klassische Konzerte, Liederabende oder Gedichtvorträge? Selbst bei Theaterinszenierungen werden immer häufiger Musik aus der Konserve oder laute Geräuschkulissen eingebaut, um den Zuschauer mit Lautstärke und Klang zu beeindrucken. Schauspieler brüllen sich die Seele aus dem Leib, um einer lauten Welt eine noch lautere „Kunst“ entgegenzuschleudern. Die wirklich interessanten Momente im Leben spielen sich jedoch in der Stille ab. Deshalb sollten Sie folgende Regeln beachten:

1. **Stellen Sie Ihr Handy/Smartphone auf lautlos (auch kein Vibrieren!) und legen Sie sich feste Zeiten zu, wann Sie nach Nachrichten schauen.**
2. **Vermeiden Sie lautes Musikhören mit Kopfhörern. Am besten Sie hören nie mit Kopfhörern Musik, sondern nehmen die Geräusche der direkten Umgebung wahr.**
3. **Verzichten Sie auf das Autoradio, wenn es nicht unbedingt nötig ist bzw. suchen Sie sich ein anspruchsvolles Programm ohne Werbung und aufgeputschten Gute-Laune-Stimmen und Techno-Musik. Hören Sie z.B. Hörspiele.**
4. **Bringen Sie Momente der Stille in Ihr Leben, in denen absolut kein Geräusch stört und Sie wirklich abschalten können.**
5. **Suchen Sie sich eine Wohnung/Haus in einem ruhigen Gebiet. Am besten ist ein Dorf zu empfehlen, da auf dem Land die Lärmbelästigung um ein Vielfaches geringer als in der Stadt ist.**

Sie werden sich schnell an die neue Stille in ihrem Leben gewöhnen und nehmen wieder die natürlichen Geräusche der Umgebung wahr: den Wind, das Rauschen der Bäume, das Singen der Vögel

und die Spielgeräusche von Kindern. Vor allem für Kinder ist der bewusste Umgang mit Klängen enorm wichtig. Schützen Sie Ihre Kinder deshalb vor Lärm und den überzüchteten Klängen elektronischer, seelenloser und lauter Musik und dem Krach der Großstadt. Gönnen Sie sich und ihrer Familie bewusste Zeiten der Ruhe auf dem Land, am Meer oder in den Bergen, wo die Geräusche der Natur überwiegen.
Setzen Sie bei Musik nicht auf Masse und Lautstärke, sondern auf Qualität und Life-Erlebnis. Handgemachte Musik ohne Verstärker, ein schönes Orgelkonzert in der Kirche, Sinfoniekonzerte oder ein Liederabend können Ihnen emotional und geistig mehr geben, als die tägliche Dauerbeschallung mit immer gleichen Hits im Radio.

**Schalten Sie die Musik aus und
hören Sie wieder genauer hin.**

9.

Ich mache einen Kochkurs und treffe den Menschen meines Lebens! – Verabschiedung vom schnellen Sex durch Onlinechats

Um es gleich vorweg zu nehmen: Das Internet ist im Moment die Partner- und Kennlernbörse schlechthin und kann bei der Partnerwahl eigentlich fast nicht mehr umgangen werden. Gerade weil sich unsere Welt durch die Digitalisierung so rasant entwickelt und auch im zwischenmenschlichen Bereich immer größere Veränderungen anstehen, ist es schwieriger geworden, im „realen Leben“ einen Partner fürs Leben zu finden. Bereits 2007 existierten etwa 2.700 Online-Partner- und Dating-Börsen. Marktforschungsstudien gehen davon aus, dass bereits 2008 ca. 6 Millionen Deutsche ihren Partner online gesucht und gefunden haben.[64]

Grundsätzlich unterscheidet man bei den Angeboten im Internet zwischen Casual-Dating (für den schnellen Sex), Dating-Apps (für unverbindliche Flirts) und Partnerbörsen (für Partnerschaften). Beim Casual-Dating und bei den DatingApps entscheidet der Nutzer selbst in einer Art bereitgestellten Katalog, mit wem er in Kontakt treten möchte, wohingegen bei den Partnerbörsen ein Persönlichkeitstest den geeigneten Partner nach bestimmten Kriterien herausfiltert und vorschlägt.

Der Vorteil der Partnersuche im Internet liegt klar auf der Hand: Die Auswahl an Partnern ist viel höher als im realen Leben, und man weiß, dass das Gegenüber ebenfalls auf Partnersuche ist. Außerdem kann man gezielt mit eigenen Ausschlusskriterien nach einem passenden Gegenüber oder Abenteuer suchen, wobei natürlich vor allem bei jungen Männern der Aspekt der Suche nach schnellem, unverbindlichen Sex überwiegt. Studien legen nahe, dass der Anteil an suchenden Männern im Internet höher als der von Frauen ist.[65]

Die Anonymität bei der Kontaktaufnahme lässt gewisse Hemmungen fallen, sodass man größtenteils frei mit der Kommunikation beginnen kann und durch das Fehlen der Face-to-Face-Komponente schneller zu Offenheit und zur Selbstoffenbarung neigt.[66] Auch die Konkurrenzsituation, der man sich in der Realität stets ausgesetzt fühlt, fällt weg, da man exklusiv und unabhängig von Zeit und Raum mit dem Gegenüber kommunizieren kann.[67]

Das Fehlen von physischen Reaktionen und nonverbaler Kommunikation beim Online-Kennenlernen lässt dabei vermeintlich nebensächlich wirkende Informationen, wie gewähltes Pseudonym, Rechtschreibung und Ausdruck und Länge der Nachrichten in den Vordergrund rücken, sodass man aus dem Mangel an persönlichem Kontakt sogar dazu neigt, sich ein positiveres Bild vom Gegenüber zu kreieren und dazu tendiert, offener zu sein. Durch der Anonymität und Unverbindlichkeit ist aber auch die Manipulationsgefahr sehr hoch, und die Nutzer derartiger Börsen neigen teilweise auch schneller zum Kontaktabbruch. Die Gefahr, enttäuscht zu werden, ist also ebenfalls höher – eine ohne Gründe abgebrochene, vermeintlich gute Kommunikation kann wie ein Schlag ins Gesicht wirken.

Auch hier muss man sich vorher genau darüber im Klaren sein, was man eigentlich möchte: Sucht man den schnellen Sex, etwas Abwechslung oder einen Partner fürs Leben? Wenn man sich diese Frage beantwortet hat, kann man dementsprechend das Portal auswählen und gezielt suchen. Für eine seriöse Partnersuche empfehlen sich eigentlich nur Bezahldienste wie Elitepartner, Edarling oder Parship. Bei Parship macht man einen aufwendigen Psychotest, der im Endeffekt mehrere passende Partner zuordnet. Das kann gut funktionieren – muss aber nicht. Sie können also Ihr Glück versuchen, müssen sich aber immer der Gefahren bewusst sein und sollten (je nach Kontakt) schnell entscheiden, ob Sie die Verbindung in der realen Welt fortführen wollen oder nicht.

Warum sucht heute kaum noch jemand in der realen Welt nach einem Partner? Kann man nicht einen Kochkurs belegen oder ein klassisches Konzert besuchen und dort jemanden treffen? Diese Frage lässt sich nur schwer beantworten. Natürlich ist es besser, in der Wirklichkeit den Partner fürs Leben zu finden, doch die Chancen dafür schwinden. Jeder sollte hier wieder selbst entscheiden, welchen Weg er beschreiten möchte. Probieren Sie trotzdem den Kochkurs aus – vielleicht haben Sie Glück!

„Achtung Kinder, nie zu Tinder!"

Es gibt eine Unmenge an Portalen, Websites und Chatrooms, in denen man unkompliziert Menschen kennenlernen kann, wobei die App „Tinder" sicherlich als Krönung des schnellen, modernen Anbandelns zu nennen ist. Etwa drei Millionen Nutzer wenden diese App zum schnellen Kennenlernen allein in Deutschland an.[68] Hier entscheidet in wenigen Sekunden allein das Bild des Gegenübers darüber, ob man denjenigen attraktiv findet oder nicht. Finden sich zwei Menschen gegenseitig attraktiv, erhalten beide ein „Match" (eine Art Pluspunkt). Durch das Sammeln vieler Matches wird man wiederum als attraktiver eingestuft. Diese Dating-App wird vor allem von jungen Menschen unter 30 Jahren genutzt und kann eigentlich eher als ein Spiel verstanden werden – unter diesem Aspekt kann man damit Spaß haben, doch als ernstzunehmende Kennlernbörse taugt diese App nicht.

Doch schon bei der Anmeldung muss man vorsichtig sein – normalerweise wird der Tinder-Account mit dem Facebook-Profil oder dem Instagram-Account gekoppelt, sodass man bei Tinder praktisch alle Bilder sehen kann, die auch bei Facebook oder Instagram gepostet worden sind. Damit ist es mit der Anonymität schon mal vorbei. Gibt man nur seine Telefonnummer an, werden Daten vom Mobilgerät und natürlich auch vom Nutzer gespeichert. Bereits 2013 wurde nachgewiesen, dass es mit dem sogenannten Trilaterationsverfahren möglich war, den Aufenthaltsort jedes Tinder-Nutzers auf 30 Meter genau zu bestimmen. Diese Lücke konnte bis heute nicht geschlossen werden und so kann die Position jedes Tinder-Nutzers immer noch bis auf 1,6 Kilometer genau geortet werden. Diese Sicherheitslücke ist höchst problematisch und könnte z.B. von Stalkern oder „verschmähten Liebhabern" ausgenutzt werden. Eine amerikanische Studie fand heraus, dass das Selbstwertgefühl von Tinder-Nutzern enorm leiden kann: Da der Fokus allein auf dem ersten optischen Eindruck liegt, gehen Tinder-Nutzer viel kritischer mit ihrem Erscheinungsbild um und fühlen sich in ihrem Körper häufig unwohler als Menschen, die nicht bei der Dating-App angemeldet sind.[69] Außerdem wird nach einiger Zeit deutlich, worauf es tatsächlich hinausläuft: Es geht meist um schnellen Sex und weniger um Beziehungen.[70] Enttäuschende Dates sind ebenso vorprogrammiert, wie gefälschte oder geschönte Profilbilder.[71] Wirkliche Kommunikation findet selten statt – alles ist auf Unverbindlichkeit ausgelegt. Witzig wird es, wenn man den Mann der Kollegin, die eigene Frau oder andere Familienmitglieder bei Tinder aufspürt...

Wie Pornos das Sexualleben beeinflussen

Bis vor wenigen Jahren gab es in Videotheken (die gänzlich verschwunden sind) sogenannte Sonderbereiche, in denen man erotische Filme ausleihen konnte. Durch die Digitalisierung hat sich die Pornografie fast komplett in das Internet verlagert. Tausende Filme auf unterschiedlichen Portalen bieten für jede sexuelle Vorliebe jederzeit das entsprechende Video an und verschaffen den hauptsächlich männlichen Zuschauern Befriedigung. Studien belegen, dass mindestens zwei Drittel der Männer, die Zugang zum Internet haben, auch Pornos konsumieren, bei Frauen sind es hingegen deutlich weniger.[72] Die Pornoindustrie im Internet floriert: Ein Viertel der weltweiten Suchanfragen im Internet drehen sich um Pornografie und pro Tag werden 12,6 Millionen Euro Umsatz erzielt.[73] Finanziert durch Werbung und kostenpflichtige Angebote, wird hier versucht, dem Kunden das Geld aus der Tasche zu ziehen – die Konsumenten sollen süchtig werden und so viel Geld wie möglich für Pornografie ausgeben.[74] Kostenfreie Angebote sind häufig von Schadsoftware infiziert und können Daten ausspähen und später den Nutzer z.B. zur Zahlung von Bußgeldern auffordern.[75]

Vor allem bei Jugendlichen, die keinerlei sexuelle Erfahrungen haben, können die dargestellten Szenen zur Bildung eines verzerrten Bildes von Sexualität führen. Bis zum 16. Lebensjahr schauen etwa 90 Prozent der Jungen Pornos, wobei das Durchschnittsalter der Erstkonsumenten elf Jahre beträgt.[76] Der Großteil der Kinder und Jugendlichen spricht nicht über das Gesehene und kann es nicht einordnen. So prägen und beeinflussen die pornografischen Darstellungen das Bild von Sexualität und finden später in der Wirklichkeit meist keine adäquate Entsprechung.
Es ist denkbar, dass die Darstellungen beispielsweise den Wunsch nach unterwürfigen Frauen verstärken, da in vielen Pornos Frauen mit entwürdigendem und sklavenhaftem Verhalten gezeigt werden, die nur zur Befriedigung der männlichen Erregung dienen, ohne eigene Bedürfnisse zu entwickeln. Und wenn weibliche Lust oder Erregung dargestellt wird, so ist sie aus der Sicht der Männer kreiert. Einige Initiativen von Frauen, die sich für eine neue Pornokultur aus weiblicher Perspektive einsetzen, bleiben die Ausnahme.[77] Pornos können somit vor allem bei Jugendlichen ein völlig falsches Bild von Sexualität hervorrufen und ein Rollenverhalten manifestieren, das eine Vergegenständlichung der Frau als willenloses Lustobjekt beinhaltet. Pornos werden deshalb sogar als „gefährlichste Bildungsindustrie der Welt“ angesehen und Aussagen zu Auswirkungen des Pornokonsums werden kontrovers diskutiert – ähnlich wie die Wirkung von Videospielen. [78]
Die Suchtgefahr bei männlichen Jugendlichen und Männern ist hoch. Zu den rein körperlichen Auswirkungen des Pornokonsums, die Einfluss auf ein Suchtverhalten haben, gibt es unterschiedliche Untersuchungen und Ergebnisse. In der Forschung liegt momentan der Fokus auf dem Einfluss von Pornos auf die sportliche Leistungsfähigkeit, sodass bestimmte Daten vorliegen.[79] Bei Männern steigt während des Pornokonsums der Testosteronspiegel an und der Cortisolspiegel sinkt. Außerdem belohnt das Gehirn die Männer mit einem kurzfristigen Dopamin-Anstieg, der zu einem Wohlgefühl führt. Lässt die Hochstimmung nach, braucht man, ähnlich wie bei einer Droge, einen neuen Kick, um sich wieder gut zu fühlen. Durch

den massenhaften Konsum kann die Reizschwelle dessen, was als erregend empfunden wird, immer stärker gehoben werden, und es kann eine Desensibilisierung einsetzen.[80] Das heißt einerseits, dass man nach immer extremeren Reizen sucht, und andererseits, dass die Sexualität in der realen Welt, die nicht den Bildern aus den Pornos entspricht, als zu langweilig und nicht erregend genug empfunden wird. Zudem fehlt bei Pornos eine kommunikative und soziale Komponente: Sexualität ist Kommunikation zwischen Menschen mit eigenem Willen und eigenen Bedürfnissen – ein Aspekt, der in den meisten Videoclips schlichtweg geleugnet wird.[81]

Beim Konsum von Pornografie verhält es sich ebenso wie bei allen anderen digitalen Ablenkungen: das Maß ist entscheidend und die Frage, ob man so etwas für sich im Leben überhaupt braucht. Deshalb sollten Sie offen mit ihren Kindern im Jugendalter über Pornografie und deren Bedeutung sprechen. Machen Sie sich und Ihren Kindern deutlich, dass es sich um eine fiktive Welt handelt, die mit wirklich gelebter Sexualität nichts zu tun hat. Diese Filme sind meist unter entwürdigenden Bedingungen entstanden, in denen Frauen für ein bisschen Geld ihren Körper verkaufen. Das heißt: Sie lassen diese Dinge nur zu, weil sie dafür bezahlt werden, und es entspricht im eigentlichen Sinne einer zugespitzten Form der Prostitution. Sie geben dafür ihr Gesicht und ihre Identität preis. Von den Männern ist in den meisten Filmen ohnehin nur das Genital zu sehen.[82]

Außerdem wird der Sexualität durch die Pornografie der Zauber des Besonderen genommen – ohnehin ist Nacktheit und Körperlichkeit allgegenwärtig (Werbung, Zeitschriften etc.), und durch die überall verfügbare Pornografie und ihre Weiterentwicklung der im virtuellen Raum wird ein letztes Tabu gebrochen. In Zukunft werden Menschen größtenteils im virtuellen Raum Sexualität erleben, um den „Unannehmlichkeiten echter Beziehungen" aus dem Weg zu gehen.[83] Dank Datenbrillen und anderer technischer Hilfsmittel ist dies keine Zukunftsmusik mehr. Im virtuellen Raum kann sich alles sehr echt anfühlen und die bewusste Unterscheidung, die wir momentan bei pornografischen Filmen noch treffen können, wird bei virtuellen Räumen vielleicht nicht mehr möglich sein.[84]

10.

Raus in die Natur – finden Sie wieder Muße und seien Sie wieder Mensch

Kürzlich hörte ich in einer Sendung im Deutschlandfunk, die sich volle zwei Stunden nur mit dem Thema „Muße" beschäftigte, dass den Deutschen die Muße abhandengekommen ist. Professoren, Theologen und Hörer versuchten zu erklären, warum in der heutigen digitalen Welt scheinbar keine Ruhe und Muße mehr vorhanden ist und wie man diese wieder zurückgewinnen und in den Alltag integrieren könne.[85] Das überall vorherrschende Gefühl von Rastlosigkeit, Getrieben-Sein und einer stetigen Unruhe soll wieder durch Phasen von Muße abgelöst werden. Das Fazit der Sendung: Muße ist wichtig, gehört in jede Lebensphase und muss wieder bewusst erfahren werden. Dies geht nur durchs völlige Abschalten. Eine Hörerin sagte beispielsweise, dass sie einen Tag in der Woche dazu nutzt, in Ihren Garten zu fahren, wo es keinen Handyempfang und kein Internet gibt und wo sie mit Gartenarbeit völlig abschalten kann.

Wie und wo Sie Muße finden, ist völlig Ihnen überlassen. Wenn Sie einen Beruf haben, den Sie sehr lieben und der nicht unbedingt damit zu tun hat, dass Sie den ganzen Tag am Computer verbringen, können Sie auch in Ihren tagtäglichen Aufgaben Muße finden – ich denke an Handwerker, Künstler etc. Vor allem Aufgaben, bei denen Sie sich bewegen, auch raus an die frische Luft kommen, mit Menschen Umgang pflegen, sind für die Muße klar von Vorteil. Sollten Sie aber unter ständigem Zeit- und Leistungsdruck stehen und überall erreichbar sein müssen, dann sollten sie sich zum reinen Selbstschutz **Auszeiten nehmen**, in denen Sie einfach Mensch sein können. Sie brauchen Zeit zum Atmen, zum Wahrnehmen von Natur und Umwelt und zum Prüfen von zwischenmenschlichen Befindlichkeiten – auch ihren eigenen. Reden Sie wieder wirklich mit Ihrer Umwelt – beispielsweise mit dem Nachbarn oder mit der

Frau beim Bäcker. Nehmen Sie ich Zeit für Erlebnisse in der Natur. Welches Wetter ist beispielsweise heute? Wann haben Sie das letzte Mal den Wind in Ihrem Gesicht gespürt und genossen? Regen gekostet? Das Blatt eines Baumes bewusst zwischen die Finger gleiten lassen? Einen Stein aufgehoben?
Nehmen Sie Ihre Umwelt wieder real wahr und erfahren Sie, was Natur bedeutet. Das ist enorm wichtig, da der Mensch natürlich zu großen Teilen auch ein Tier ist und seinen Körper als natürliche Hülle pflegen und spüren muss. Deshalb empfehle ich Ihnen:

Gehen Sie bewusst in die Natur, wandern Sie, arbeiten Sie im Garten, treiben Sie entspannenden Sport und nehmen Sie echte Natur wieder wahr.

Bewegung im Freien entspannt den Geist und lässt Sie wieder Energie und Kraft finden. Natürlich lassen Sie Handys und Computer außen vor und schalten dort jegliche technischen Geräte völlig ab.

Keine Kopfhörer beim Joggen, kein elektrische Schritt- und Pulsmesser – einfach auf den eigenen Puls hören, die innere Stimme wahrnehmen, abschalten.

Weiterführende Literatur (Auswahl)

Heller, Christian: Post-Privacy. Prima leben ohne Privatsphäre, München 2011.

Heurer Stefan (u. a.): Mich kriegt ihr nicht! Die wichtigsten Schritte zur digitalen Selbstverteidigung, Hamburg 2013.

Koch, Christoph: ich bin dann mal offline. Ein Selbstversuch. Leben ohne Internet und Handy, München 2010.

Kurz, Constanze (u.a.): Die Datenfresser. Wie Internetfirmen und Staat sich unsere persönlichen Daten einverleiben und wie wir die Kontrolle darüber zurückerlangen, Frankfurt am Main 2012.

Neuss, Norbert: Kinder & Medien: Was Erwachsene wissen sollten, Seelze 2012.

Oelrich, Christiane: Wenn das Gedaddel überhandnimmt. Fast jeder zweite Deutsche spielt auf Handy, Tablet oder Computer. Doch gibt es die Krankheit Online-Spielsucht? Die WHO löst eine Kontroverse aus, in: Sächsische Zeitung, 15. Juni 2018, S. 28.

Rühle, Alex: Mein halbes Jahr offline, Stuttgart 2010.

Schorb, Bernd (u.a.): Mediengebrauch von Kindern im Alter von 0 bis 6 Jahren, München 2010

Weigend, Andreas: Data for the people. Wie wir die Macht über unsere Daten zurückerobern, Hamburg 2017

Zemp, Martina: Neue Medien und kindliche Entwicklung: Ein Überblick für Therapeuten, Pädagogen und Pädiater, Heidelberg 2015

1 Oelrich, Christiane: Wenn das Gedaddel überhandnimmt. Fast jeder zweite Deutsche spielt auf Handy, Tablet oder Computer. Doch gibt es die Krankheit Online-Spielsucht? Die WHO löst eine Kontroverse aus, in: Sächsische Zeitung, 15. Juni 2018, S. 28.

2 Ebd.

3 http://www.psychosoziale-gesundheit.net/seele/internet.html; Bühring, Petra: Internetabhängigkeit: dem realen Leben entschwunden, vgl. https://www.aerzteblatt.de/archiv/184492/Internetabhaengigkeit-Dem-realen-Leben-entschwunden;

4 Clauß, Ulrich: Leben ohne Medien ist wie Entzug, in: Welt online vom 5.1.2011.

5 Nocoun, Katharina: Beklemmender Selbstversuch So viel weiß Amazon nach jedem meiner Klicks, in: Spiegel-Online, 12.1.2018; Wissen Sie noch, wonach Sie heute vor einem Jahr bei Amazon gesucht haben? Die Netzaktivistin Katharina Nocun hat ihre Nutzerdaten angefordert - und erfuhr, wie viel der Konzern über seine Kunden weiß.

6 Schader, Peer: Tracking. Dein Smartphone weiß, wo du letzten Samstag beim Einkaufen warst, 23. Juni 2015, in: https://krautreporter.de/776-dein-smartphone-weiss-wo-du-letzten-samstag-beim-einkaufen-warst,

7 Zwischen Verkümmern und Verrohen: Wie das Internet unsere Sprache verändert, 15.3.2017, in: Online-Version der Leipziger Volkszeitung, http://www.lvz.de/Mehr/Lifestyle/Zwischen-Verkuemmern-und-Verrohen-Wie-das-Internet-unsere-Sprache-veraendert

8 Mundt, Alexander: Daten im Internet löschen: So verschwindest Du aus dem Netz, 17.9.2016, in: ttps://www.turn-on.de/tech/ratgeber/daten-im-internet-loeschen-so-verschwindest-du-aus-dem-netz-96636

9 Pädophile im Internet "Ich will dich verwöhnen", in: Spiegel online, 2004, http://www.spiegel.de/sptv/a-301244.html

10 Bauer, Jenny: Wahrheit über Realityshows. Zoom auf die Tränen, in: taz-Online, 18.1.2012, http://www.taz.de/!5102932/; vgl. auch: Parks-Ramage, Jonathan: Ich habe beim Reality-TV gearbeitet und dabei fast meine Seele verloren Es ist noch schlimmer und unmoralischer, als ihr denkt, 7.1.2016, https://www.vice.com/de/article/3bywm3/ich-habe-beim-reality-tv-gearbeitet-und-dabei-fast-meine-seele-verloren-462

11 Klüver, Nathalie: Scripted Reality: Eine junge TV-Darstellerin erzählt die Wahrheit hinter TV-Shows wie "X-Diaries" oder "Berlin – Tag & Nacht", in: https://abi.unicum.de/aktuelles/zuendstoff/scripted-reality-eine-junge-tv-darstellerin-erzaehlt, 18. Mai 2015; vgl. auch: Parks-Ramage, Jonathan: Ich habe beim Reality-TV gearbeitet und dabei fast meine Seele verloren. Es ist noch schlimmer und unmoralischer, als ihr denkt, in: https://www.vice.com/de/article/3bywm3/ich-habe-beim-reality-tv-gearbeitet-und-dabei-fast-meine-seele-verloren-462, 7. Januar 2016

12 Detje, Robin: in: Deutsches Fernsehen macht dumm. Wer deutsches Fernsehen schaut, wird dumm, meint Kolumnist Robin Detje, in: https://www.cicero.de/kultur/deutsches-fernsehen-macht-dumm/51698

[13] http://www.guter-rat.de/gesund-bleiben/tv-konsum-so-ungesund-kann-fernsehen-sein

[14] https://www.kindergartenpaedagogik.de/1335.html

[15] http://www.guter-rat.de/gesund-bleiben/tv-konsum-so-ungesund-kann-fernsehen-sein

[16] Die Regeln wurden erstellt nach: Stöcker, Christian: Smartphone-Etikette Fünf Handy-Regeln für ein besseres Leben, in: http://www.spiegel.de/wissenschaft/mensch/smartphone-etikette-fuenf-handy-regeln-fuer-ein-besseres-leben-a-1137257.html, 5.3.2017, vgl. auch Handy Knigge - die 10 wichtigsten Regeln für die Smartphone-Nutzung, in: https://www.smartmobil.de/magazin/handy-knigge, 15.6.2018

[17] Stöcker, Christian: Smartphone-Etikette Fünf Handy-Regeln für ein besseres Leben, http://www.spiegel.de/wissenschaft/mensch/smartphone-etikette-fuenf-handy-regeln-fuer-ein-besseres-leben-a-1137257.html.

[18] Nocoun, Katharina: Beklemmender Selbstversuch So viel weiß Amazon nach jedem meiner Klicks, in: Spiegel-Online, 12.1.2018

[19] Fröhlich, Christoph: Googles versteckter Daten-Hort – das weiß Google alles über Sie, erschienen in Online-Ausgabe von Stern, 12.9.2016, https://www.stern.de/digital/online/google--das-alles-weiss-die-suchmaschine-ueber-sie-7053446.html

[20] Welchering, Peter: Datenhandel bei Facebook & Co - Das Milliardengeschäft mit den Nutzerdaten, 29.03.2018, in: https://www.zdf.de/nachrichten/heute/datenhandel-bei-facebook-und-co-das-milliardengeschaeft-mit-den-nutzerdaten-100.html

[21] Leiterer, Uwe: Amazon Alexa im Selbstversuch: Einkaufen, in: NDR-online vom 18.1.20217, https://www.ndr.de/ratgeber/verbraucher/Amazon-Alexa-im-Test-Einkaufen,alexa192.html

[22] Leiterer, Uwe: Wie Amazon mit Alexa Kundendaten sammelt, in: NDR-online, vom 18.12.2017

[23] Bennefeld, Christian: Warum Sprachassistenten eine Gefahr für unseren Alltag sind. Nun lassen wir auch in den eigenen vier Wänden die Hosen runter, in: Huffington Post-Online, https://www.huffingtonpost.de/entry/google-home-amazon-echo-alexa-sprachassistenten-ueberwachung_de_5a67483ee4b002283006bca3, 24.1.12018

[24] https://deutsche-wirtschafts-nachrichten.de/2017/03/23/us-visum-behoerden-ueberpruefen-social-media-vor-einreise/, 25.6.2018

[25] Welchering, Peter: Künstliche Intelligenz - Computer sind dumm, Algorithmen aber schlau. Analyse-Software erstellt aus den gesammelten Datenbergen bei Facebook und Co. persönliche Profile, 30.3.2018, in: https://www.zdf.de/nachrichten/heute/computer-sind-dumm-aber-algorithmen-schlau-100.html

[26] Amazon – gnadenlos erfolgreich, in ZDF-Mediathek, Deutschland 2017. https://www.zdf.de/dokumentation/zdfinfo-doku/amazon-gnadenlos-erfolgreich-102.html

[27] Siewers, Uwe: Mehr Datenkontrolle durch Firewall-App (Android), https://mobilsicher.de/hintergrund/mehr-datenkontrolle-durch-firewall-app-android

[28] Gierow, Hauke: Welche Daten sammelt Google über mich? (28.6.2017), vgl. https://mobilsicher.de/hintergrund/was-sammelt-google-ueber-mich

[29] Ebd.

[30] Ebd.

[31] Z.B. Vergleichstabelle von Sabrina Schrödl (Motherboard), Vgl. Schwarz, Karolin: Hacker erklären, welche Messenger-App am sichersten ist, https://motherboard.vice.com/de/article/7xea4z/hacker-erklaren-welche-messenger-app-am-sichersten-ist, vgl. auch: Messenger im Vergleich. Signal, Telegram, Threema, WhatsApp, in. https://ebblogs.com/apps/messenger-im-vergleich/

[32] Diese Messenger sind sicherer als verschlüsselte E-Mails, in: Süddeutsche Zeitung-Online-Ausgabe, 14. Mai 2018, http://www.sueddeutsche.de/digital/smartphone-apps-diese-messenger-sind-sicherer-als-verschluesselte-e-mails-1.3978888

[33] NSA übertrifft sich selbst: Telefonüberwachung verdreifacht, 6.5.2018, in: https://deutsch.rt.com/nordamerika/69486-nsa-uebertrifft-sich-selbst-telefonueberwachung-verdreifacht/

[34] NSA kann alle Telefonate eines Landes abhören, 18. März 2014, in: http://www.sueddeutsche.de/digital/internet-ueberwachung-nsa-kann-alle-telefonate, Stand: 4.6. 2018

[35] Rzepka, Dominik: EU-Justizkommissarin hält Facebook für teils unregulierbar, 25.3.2018, in: ttps://www.zdf.de/nachrichten/heute/jourova-haelt-facebook-fuer-teilweise-unregulierbar-100.html

[36] Gruber, Angela: Soziale Netzwerke und Depression "Facebook war Gift für mich", in Spiegel online vom 3.5.2016; Haller, Kilian: Macht uns Facebook unglücklich?, in: Süddeutsche Zeitung online, 24. Januar 2012, Wie einsam und unglücklich macht Facebook? In FAZ online vom 16.12.2017, Facebook use predicts declines in subjective well-being in young adults, https://www.ncbi.nlm.nih.gov/pubmed/23967061, vom 14.8. 2013.

[37] Stöcker, Christian: Einfluss auf die Gesellschaft Radikal dank Facebook, 25.1.2016, in: Spiegel-Online, http://www.spiegel.de/netzwelt/netzpolitik/filterblase-radikalisierung-auf-facebook-a-1073450.html

[38] Strate, Gerhard: Facebook - Werkzeug des Guten?, in: Cicero, 24.4.2018, vgl. https://www.cicero.de/kultur/facebook-urteil-kommentare-meinungsfreiheit-loeschen-netzdg

[39] Lischka, Konrad: Was die Datensammler wirklich wissen, in: Spiegel-Online, 23.9.2010, http://www.spiegel.de/netzwelt/web/zahlung-per-ec-karte-was-die-datensammler-wirklich-wissen-a-719168.html

[40] Lischka, Konrad: Zahlung per EC-Karte Was die Datensammler wirklich wissen, in: Spiegel-Online, 23.9.2010, http://www.spiegel.de/netzwelt/web/zahlung-per-ec-karte-was-die-datensammler-wirklich-wissen-a-719168.html

[41] Koch-Klaucke, Norbert: Zu viel umgetauscht. Treuer Stammkunde wird bei Amazon lebenslang gesperrt, Quelle: https://www.mz-web.de/23984384 ©2018; Zu viel Waren zurückgeschickt. Amazon sperrt Konto von Kunden – weil er von seinem Rückgaberecht Gebrauch machte, vgl.: https://www.focus.de/finanzen/news/unternehmen/fragwuerdiger-kundenservice-amazon-schliesst-kundenkonto-wegen-zu-vieler-retouren_id_5378216.html

[42] Amazon – gnadenlos erfolgreich, in ZDF-Mediathek, Deutschland 2017. https://www.zdf.de/dokumentation/zdfinfo-doku/amazon-gnadenlos-erfolgreich-102.html

[43] https://sezession.de/43915/amazon-de-streicht-antaios-titel-aus-dem-sortiment-antworten-auf-haeufig-gestellte-fragen

[44] Oldekop, Astrid: In China gibt es Almosen per QR-Code, 4.6.2018, Die Welt, https://www.welt.de/sonderthemen/noahberlin/article176965303/Bargeldloses-Bezahlen-gehoert-in-China-zum-Lebensalltag.html

[45] Tretbar, Christian: Der digitale Mensch Datenchips im Körper - Horror oder Hoffnung?, 23.5.2017, in: https://www.tagesspiegel.de/politik/der-digitale-mensch-datenchips-im-koerper-horror-oder-hoffnung/19840472.html

[46] Theinert, Helga (Hrsg.): Medienkinder von Geburt an: Medienaneignung in den ersten sechs Lebensjahren, 2007; Bostelmann, Antje: Digital Genial: Erste Schritte mit Neuen Medien im Kindergarten, 2014.

[47] Trentmann, Nina: In China lernen schon Vorschüler programmieren, in: Welt online, https://www.welt.de/wirtschaft/karriere/bildung/article150798336/In-China-lernen-schon-Vorschueler-programmieren.html9.1.2016

[48] Ebd.

[49] Elschenbroich, Donata: Fron der frühen Jahre, in: Zeit-Online, 17.6.2006, https://www.zeit.de/2006/04/B-Chinaschule

[50] Bethge, Philipp: Erziehung "Zwang funktioniert", in: Spiegel-Online, 2011, http://www.spiegel.de/spiegel/a-741314.html

[51] Rinas, Jutta: Darum sind Asiaten bei Jugend musiziert so gut, in: Hannoversche Allgemeine, Online-Ausgabe, 30.1.2017, http://www.haz.de/Hannover/Aus-der-Stadt/Uebersicht/Viele-Chinesen-und-Japaner-schneiden-bei-Jugend-musiziert-besonders-gut-ab

[52] Landwehr, Andreas: China schafft digitales Punktesystem für den "besseren" Menschen, in: heise online: https://www.heise.de/newsticker/meldung/China-schafft-digitales-Punktesystem-fuer-den-besseren-Menschen-3983746.html?seite=all, 1.3.2018

[53] Die sinkende Geburtenrate in Südkorea und die Folgen, in: KBS World Radio, http://world.kbs.co.kr/german/program/program_economyplus_detail.htm?No=6508

[54] Bühring, Petra: Internetabhängigkeit: dem realen Leben entschwunden, vgl. https://www.aerzteblatt.de/archiv/184492/Internetabhaengigkeit-Dem-realen-Leben-entschwunden.

[55] Kardaras, Nikolai: Das ist „digitales Heroin": Wie Bildschirme Kinder in psychotische Junkies verwandeln – It's „Digital Heroin": How Screens Turn Kids

Into Psychotic Junkies, in: New York Post online, deutsch: https://netzfrauen.org/2016/09/18/digitalesheroin/, 18.9.2016

[56] Bühring, Petra: Internetabhängigkeit: dem realen Leben entschwunden, vgl. https://www.aerzteblatt.de/archiv/184492/Internetabhaengigkeit-Dem-realen-Leben-entschwunden.

[57] Bühring, Petra: Internetabhängigkeit: dem realen Leben entschwunden, vgl. https://www.aerzteblatt.de/archiv/184492/Internetabhaengigkeit-Dem-realen-Leben-entschwunden; Ludwig, Kristina: 600.ooo Jugendliche gelten als internetabhängig, vgl. http://www.sueddeutsche.de/gesundheit/internetsucht-jugendliche-gelten-als-internetabhaengig-1.3526050

[58] Bühring, Petra: Internetabhängigkeit: dem realen Leben entschwunden, vgl. https://www.aerzteblatt.de/archiv/184492/Internetabhaengigkeit-Dem-realen-Leben-entschwunden.

[59] Stöcker, Christian: Soziale Medien Bekenntnisse eines ehemaligen Zettelsüchtigen, vgl. http://www.spiegel.de/wissenschaft/mensch/internet-abhaengigkeit-unter-jugendlichen-die-sucht-die-es-nicht-gibt-a-1196260.html

[60] Zu jung für WhatsApp? Messenger führt angeblich Mindestalter ein, in: Stern online, 16.4.2018.

[61] Siehe Literaturverzeichnis.

[62] Schulte-Fortkamp, Brigitte (u.a.): Lärm im Alltag. Informationsbroschüre zum Tag gegen den Lärm, hrsg. v. der Deutschen Gesellschaft für Akustik e.V., Berlin 2007

[63] https://www.umweltbundesamt.de/themen/verkehr-laerm/laermwirkungen#textpart-4

[64] Schulz, Florian (u.a.): Das Internet als Heiratsmarkt. Ausgewählte Aspekte aus Sicht der empirischen Partnerwahlforschung, hrsg. vom Staatsinstitut für Familienforschung an der Universität Bamberg (ifb), Bamberg 2009, online: https://www.ifb.bayern.de/imperia/md/content/stmas/ifb/materialien/mat_2009_4.pdf, S. 7.

[65] Ebd., S. 9.

[66] Ebd., S. 16 f.

[67] Schulz, Florian (u.a.): Das Internet als Heiratsmarkt. Ausgewählte Aspekte aus Sicht der empirischen Partnerwahlforschung, hrsg. vom Staatsinstitut für Familienforschung an der Universität Bamberg (ifb), Bamberg 2009, online: https://www.ifb.bayern.de/imperia/md/content/stmas/ifb/materialien/mat_2009_4.pdf, S. 16 f.

[68] Kant, Alexander: Tinder: Weshalb ihr mit euren Daten nicht so schlampig umgehen solltet, Stand: 13.2.2018, vgl. https://www.netzwelt.de/tinder/163273-tinder-euren-daten-so-schlampig-umgehen-solltet.html

[69] Gaulhiac, Nathalie: Studie: Tinder richtet bei Männern erheblichen Schaden an, 14.2.2017, vgl. https://www.businessinsider.de/studie-tinder-richtet-bei-maennern-erheblichen-schaden-an-2017-2

[70] Mühl, Melanie: Der sicherste Weg in die Desillusionierung, in: FAZ online, 14.8.2015, http://www.faz.net/aktuell/feuilleton/medien/ernuechternd-dating-app-tinder-birgt-suchtgefahr-13749035.html

[71] Kant, Alexander: Tinder: Weshalb ihr mit euren Daten nicht so schlampig umgehen solltet, Stand: 13.2.2018, vgl. https://www.netzwelt.de/tinder/163273-tinder-euren-daten-so-schlampig-umgehen-solltet.html

[72] Maas, Sebastian: Hey, liebe Frauen: Guckt mal bitte mehr Pornos!, in: Bento online, 5.7.2018, http://www.bento.de/themen/Porno/

[73] Röttgerkamp, Anne: Internet Pornografie - Zahlen, Statistiken, Fakten, in: Netzsieger, 16.5.2018, https://www.netzsieger.de/ratgeber/internet-pornografie-statistiken

[74] Magenheim-Hörmann, Thomas: Pornobranche. Geil ist geizig, in: Frankfurter Rundschau, 18.7.2016, http://www.fr.de/panorama/pornobranche-geil-ist-geizig-a-324752

[75] Röttgerkamp, Anne: Internet Pornografie - Zahlen, Statistiken, Fakten, in: Netzsieger, 16.5.2018, https://www.netzsieger.de/ratgeber/internet-pornografie-statistiken

[76] Maas, Sebastian: Hey, liebe Frauen: Guckt mal bitte mehr Pornos!, in: Bento online, 5.7.2018, http://www.bento.de/themen/Porno/; vgl. auch: Röttgerkamp, Anne: Internet Pornografie - Zahlen, Statistiken, Fakten, in: Netzsieger, 16.5.2018, https://www.netzsieger.de/ratgeber/internet-pornografie-statistiken

[77] Binswanger, Michèle: Pornografie: Der andere Darkroom. Gibt es gute Pornografie, die auch Frauen gefällt? Eine Suche, in: Zeit online, 4.4.2013, https://www.zeit.de/2013/15/pornografie-frauen

[78] Maas, Sebastian: Hey, liebe Frauen: Guckt mal bitte mehr Pornos!, in: Bento online, 5.7.2018, http://www.bento.de/themen/Porno/

[79] Department of Endocrinology and Physiology, Edinburgh, Scotland, https://www.ncbi.nlm.nih.gov/pubmed/2175036

[80] Wolf, Naomi: Was Pornografie im Hirn des Mannes anrichtet, in: Welt online, 7.7. 2011, https://www.welt.de/kultur/article13473295/Was-Pornografie-im-Hirn-des-Mannes-anrichtet.html

[81] Wolf, Naomi: Was macht Pornografie mit unseren Gehirnen?, in: Welt online, 7.7.2011, https://www.welt.de/print/die_welt/kultur/article13473043/Was-macht-Pornografie-mit-unseren-Gehirnen.html

[82] Maas, Sebastian: Hey, liebe Frauen: Guckt mal bitte mehr Pornos!, in: Bento online, 5.7.2018, http://www.bento.de/themen/Porno/

[83] Madary, Michael: Sex in der virtuellen Realität Fühlt sich echt an, in: Spiegel online, 12.11.2016, http://www.spiegel.de/kultur/gesellschaft/virtual-reality-sex-was-wir-dort-erleben-fuehlt-sich-echt-an-a-1119504.html

[84] Madary, Michael: Sex in der virtuellen Realität Fühlt sich echt an, in: Spiegel online, 12.11.2016, http://www.spiegel.de/kultur/gesellschaft/virtual-reality-sex-was-wir-dort-erleben-fuehlt-sich-echt-an-a-1119504.html

[85] Leistungsdruck in der Freizeit – Wieviel Platz bleibt noch für die Muße? Deutschlandfunk, 8. Juni, 9.10 Uhr.